Le père et sa fonction en psychanalyse

Du même auteur

Bibliographie des travaux de Jacques Lacan,
Paris, Inter Editions, 1983.

Introduction à la lecture de Lacan,
tome I : *L'inconscient structuré comme un langage,*
Paris, Denoël, coll. « L'espace analytique », 1985.
tome II : *La structure du sujet,* Paris, Denoël, coll. « L'espace analytique », 1992.

Structure et Perversions,
Paris, Denoël, coll. « L'espace analytique », 1987.

L'a-scientificité de la psychanalyse,
tome I : *L'aliénation de la psychanalyse,*
tome II : *La paradoxalité instauratrice,*
Paris, Editions universitaires, coll. « Emergences », 1988.

Estructuras e clinica psicanalítica,
Rio de Janeiro, Livrarias Taurus, Timbre Editores, 1991.

Nouvelle bibliographie des travaux de Jacques Lacan,
Paris, EPEL, 1994.

Clinique psychanalytique,
Paris, Denoël, coll. « L'espace analytique », 1994.

The Clinical Lacan, Jason Aronson, Northvale, New Jersey, 1997.

Joël Dor

Le père et sa fonction en psychanalyse

Point Hors ligne

érès

Illustration de couverture :
Le sacrifice d'Isaac, Caravage
© Musée des Offices, Florence

ISBN : 2.86586.525.8
ME-15-15-6-4-5-6

11 rue des Alouettes, 31520 Ramonville Saint-Agne
www.edition-eres.com

À François.

« Comme j'ai pu l'énoncer, l'année où je n'ai pas voulu faire plus que mon premier séminaire sur les "Noms du Père"*, j'ai quand même eu le temps d'y accentuer que dans le sacrifice d'Abraham, ce qui est sacrifié, c'est effectivement le père, lequel n'est autre qu'un bélier. »

Jacques Lacan
Le savoir du psychanalyste
(entretien de Sainte-Anne inédit du 1er juin 1972)

* *Les noms du père*, séminaire inédit du 20 novembre 1963.

Préface

Pour aussi récurrente que soit la problématique du père dans le champ de l'expérience psychanalytique, il est exceptionnellement donné d'avoir à l'aborder d'entrée de jeu. Bien qu'elle reste en permanence sous-jacente, elle n'en est pas moins le plus souvent fuyante, pour peu que l'accent soit précisément mis sur cette fonction.

Un pareil évitement s'explique sans doute d'autant mieux que la *fonction paternelle* constitue un épicentre crucial dans la structuration psychique du sujet. Ne fût-ce, au moins, pour la raison que l'identité sexuelle de tout un chacun n'a pas d'autre issue que d'y éprouver sa propre inscription subjective – quelquefois au grand dam de la prédétermination biologique des sexes.

C'est dire combien cette référence à la fonction du père se définit comme une ordonnance princeps, au regard de laquelle nulle complaisance ne saurait demeurer sans effet. Encore convient-il qu'en soit judicieusement repérée l'incidence, par-delà les commentaires psychologisants, les prescriptions « pédago-logiques » et autres orthopédies rééducatrices de toutes obédiences, dont la fureur actuelle ne tarit pas sur cette question du père.

Fixer les jalons fondamentaux, qui circonscrivent et saturent les différentes valences de la fonction paternelle, devenait une tâche d'autant plus opportune qu'occasion me fut donnée de m'y avancer sur le terrain d'un enseignement proposé à des cliniciens préoccupés d'éclaircir certains aléas de leur pratique. Mon parti fut délibérément pris d'exposer, dans une perspective synoptique, l'infrastructure susceptible d'en ordonner les tenants et les aboutissants essentiels, de telle sorte que cette *fonction* apparaisse surtout dans sa logique interne, expurgée de toutes les implications métapsychologiques et cliniques qu'elle appelle inévitablement.

Ces implications ne manquèrent pas d'être évoquées et vigoureusement discutées au cours de cet enseignement. J'en conserve le souvenir d'un enrichissement personnel particulièrement « buissonnant ». Pour cette raison, il m'importait d'en garder le témoignage par devers moi, plutôt que d'en lester l'exposé initial qui l'avait suscité, lorsqu'il s'est agi d'en transposer l'essentiel par écrit à fin de publication.

La sobriété du texte qui va suivre laisse donc assurément en suspens bon nombre de questions et de commentaires qui conservent toute leur acuité légitime. En revanche, cette concision m'a permis de restituer l'esprit et la lettre du projet d'origine : esquisser un *praticable théorique rigoureux* qui s'efforce de proposer une orientation assurée dans l'espace d'une topographie psychique complexe, tour à tour, réelle, imaginaire et symbolique, à quoi se résout la fonction du père vis-à-vis de l'inconscient.

*

* *

Depuis quelque temps, il se fait règle d'accueillir tout texte analytique à caractère didactique, comme un pensum de banalités plus ou moins ordonnées, au regard desquelles, il devient habituel, dans le meilleur des cas, de saluer le courage méritoire de la prestation. D'assez longue date, j'ai pu m'assurer que ce train de commisération en cachait souvent un autre, au moins au titre où certains de ces lieux communs fondamentaux de la psychanalyse étaient généreusement indigents chez plus d'un de ces commentateurs bienveillants.

Aussi bien, plus qu'il ne vise quelque contribution originale sur la question du père dans le champ de la psychanalyse, le texte qui va suivre se soucie davantage de clarifier certaines notions canoniques souvent trop hâtivement engrangés dans l'escarcelle psychanalytique des divers praticiens.

Baugé, 1989.

I
Introduction : la fonction du père en psychanalyse

Dans le champ psychanalytique, la notion de père est investie d'une connotation bien particulière. Le père auquel nous nous référons reste, à certains égards, soustrait à l'acception commune que nous en avons d'emblée et quotidiennement en tant qu'*agent de la paternité ordinaire.* Pas davantage ne s'agit-il de chercher à en saisir l'incidence dans la perspective d'une évolution historique qui resterait, elle aussi, étrangère au contexte où cette notion est opératoire en psychanalyse.

Contre toute attente, voire à l'encontre de toute idée reçue, la notion de père intervient dans le champ conceptuel de la psychanalyse comme un *opérateur symbolique an-historique.* Entendons-le alors comme un référent qui présente cette particularité essentielle de n'être pas justiciable d'une histoire au sens, au moins, d'une ordonnance chronologique.

Toutefois, en étant hors de l'histoire, il n'en reste pas moins paradoxalement inscrit au point d'origine de toute histoire. La seule histoire que nous puissions logiquement lui supposer est une histoire mythique. Mythe nécessaire s'il en est, puisque cette supposition est précisément universelle.

Par ailleurs, quelle que soit la provocation apparente qui en résulte à l'endroit des pères inscrits dans la réalité et dans leur histoire singulière, cette notion de père en psychanalyse ne renvoie pas non plus exclusivement à l'existence de quelque père incarné. De fait, rien ne garantit jamais, par avance, que cette incarnation corresponde assurément à la consistance d'un père investi de son légitime pouvoir d'intervention structurant du point de vue de l'inconscient. À ce titre, pour peu que nous ayons cependant à le considérer comme un être, il s'agit moins d'un être incarné que d'une entité essentiellement *symbolique* qui ordonne une *fonction.*

En raison de la saillance de ce mode d'existence symbolique, tel est alors son caractère fondamentalement opératoire et structurant pour tout un chacun, c'est-à-dire quel que soit le sexe de celui qui s'y trouve référé. En d'autres termes, c'est parce que ce *père symbolique* est universel – d'où l'essence de sa nécessité – que nous ne pouvons pas ne pas être concernés par l'incidence de sa fonction qui structure notre ordonnance psychique en qualité de *sujets.* En effet, nulle autre issue n'est proposée au parlêtre que de souscrire à la vassalité que lui impose cette fonction symbolique paternelle qui *l'assujettit* dans une sexuation. Au reste, c'est à la mesure de cette spécification que se propose au sujet un espace d'identité sexuelle qui n'a pas nécessairement d'adéquation biunivoque avec la bipartition biologique des sexes.

Dans ces conditions, à quelle enseigne viennent se loger les pères incarnés, c'est-à-dire les hommes mis empiriquement en situation de se désigner comme pères ?

Tout au plus apparaissent-ils comme des *diplomates,* voire plus généralement des ambassadeurs ordinaires. Au sens habituel du terme, l'ambassadeur représente son gouvernement auprès de l'étranger afin d'assumer la fonction d'y négocier toutes opérations afférentes. Il ne saurait y avoir de définition plus adéquate intéressant les pères saisis dans leur réalité et leur histoire. À la métaphore près, désignons donc le père, dans le réel de son incarnation, comme devant représenter le gouvernement du père symbolique, à charge pour lui d'assumer la délégation de cette autorité auprès de la communauté étrangère mère-enfant.

Jusqu'à présent, si nulle collusion n'a été faite entre le père et le *géniteur*, c'est dire combien l'entité paternelle que nous saisissons ne paraît relever que d'une pure représentation symbolique. Comme telle, cette fonction se trouve alors potentiellement ouverte à tout « agent diplomatique » de la réalité, pour peu que son intercession symbolique soit logiquement signifiante vis-à-vis de l'économie du désir de l'enfant en prise avec le désir de la mère. Autant le géniteur peut-il légitimement postuler au titre d'ambassadeur privilégié, autant n'est-il jamais qu'un cas de figure possible requis par l'exigence de cette mission de représentation.

Toutefois, sur le terrain de ce ministère essentiellement symbolique, n'importe quel « agent diplomatique » n'est pas nécessairement le représentant le plus adéquat à pouvoir négocier cette mission. Tous ne sont pas susceptibles de s'en acquitter également. Nous ne pouvons méconnaître que le symbolique reste fondamentalement inféodé à l'instance du langage. Dans ces conditions, de même qu'un diplomate jouit d'un plus grand crédit s'il parle la langue étrangère du pays où il tient ambassade, de même l'ambassadeur paternel s'acquittera d'autant mieux de sa délégation symbolique, qu'il pratiquera la langue du désir des protagonistes auprès desquels il doit assumer sa fonction. C'est sous cet aspect et seulement sous celui-ci, que les pères de la réalité s'avéreront être de plus ou moins bons ambassadeurs.

Au-delà de ces métaphores plénipotentiaires, une première conclusion se dégage : nul *père*, dans la réalité, n'est *détenteur*, et *a fortiori*, *fondateur*, de la fonction symbolique qu'il représente. Il en est le *vecteur*. Cette distinction instaure, par certains côtés, l'écart qui existe entre la *paternité* et la *filiation*. Parce qu'elle se déploie à un niveau prioritairement symbolique, la filiation, du point de vue de ses incidences propres, est prévalente au regard de la paternité réelle. Nonobstant toute appréciation qualitative, il s'agit, ici, de prendre l'exacte mesure d'un fait de structure qui transcende la dimension empirique et contingente de la paternité.

Une seconde conséquence s'impose concernant maintenant la *qualité* du père. En l'espèce, il importe moins de s'interroger sur les vertus du père lui-même que d'arraisonner cette qualité dans l'acception aristotélicienne du terme, c'est-à-dire, comme Lacan nous y invite, au sens d'une *nature*. En premier lieu, il convient de distinguer la souveraineté de la fonction paternelle habituellement coulée dans l'appellation générique de *Père symbolique*, de son existence concrète et historique d'être incarné en tant que *Père réel*. En second lieu, il est de mise de faire la part au *Père imaginaire*, entité fantasmatique s'il en est[1], sans laquelle nul Père réel ne saurait recevoir l'investiture de Père symbolique. Toute la transcendance du Père symbolique ne résulte que d'un symbolisme légaliste. De fait, l'instance du Père symbolique est avant tout référence à la *Loi* de prohibition de l'inceste, laquelle est donc prévalente sur toutes les *règles* concrètes qui légalisent les rapports et les échanges entre les sujets d'une même communauté. En conséquence, c'est parce que le Père symbolique n'est que *dépositaire légal* d'une loi qui lui vient d'ailleurs, qu'aucun Père réel ne peut se targuer d'en être détenteur ou fondateur. Mais, en revanche, il lui revient d'avoir à se faire valoir d'en être le représentant.

Pour ce faire, la prescription symbolique de cette loi suppose le préalable d'une négociation imaginaire qui se déploie entre les divers protagonistes familiaux : Père-mère-enfant, communément rassemblés sous l'égide de la *triangulation œdipienne*. Il n'est pas de dénombrement plus malencontreux, en ce sens que les trois protagonistes ne parviennent à se discriminer dans cette triangulation que pour autant qu'ils sont tous référés à un quatrième élément : le *phallus*[2]. Seul ce quatrième élément constitue le paramètre fondateur susceptible d'inférer l'investiture du Père symbolique à partir du Père réel, *via* le Père imaginaire.

Nous devons à Lacan, à partir de sa lecture de Freud, d'avoir insisté sur l'incidence explicite de ce quatrième élé-

1. La qualité du Père imaginaire recouvre au plus près la notion freudienne d'*imago* au sens où, par exemple, Laplanche la définit comme un « prototype inconscient de personnage [...] élaboré à partir des premières relations intersubjectives réelles ou fantasmatiques avec l'entourage familial ». Voir J. Laplanche, J.-B. Pontalis, *Vocabulaire de la psychanalyse*, Paris, PUF, 4e édition, 1973, p. 195.
2. L'acception rigoureuse du terme phallus est développée dans le tome I de mon ouvrage *Introduction à la lecture de Lacan*, Paris, Denoël, coll. « L'espace analytique »,1985, chapitre 11 : « La prévalence du phallus », pp. 89-96.

ment dans la triangulation des désirs réciproques du père, de la mère et de l'enfant, puisqu'il ne saurait y avoir d'autre triangulation œdipienne que celle du désir au regard du phallus. Faute de l'avoir structuralement repéré dans cet espace de configuration, nombre de commentaires douteux se sont ainsi engouffrés dans la contestation classique de l'universalité du complexe d'Œdipe[3], ou encore sur le versant d'une révision salutaire du mythe œdipien tributaire de l'anti-phallocratisme généreusement nourri par l'imaginaire féministe.

À juste titre, dans une boutade bien connue, Lacan répétait, à qui voulait l'entendre, qu'on ne pouvait pratiquer la psychanalyse que dans la mesure où l'on savait compter jusqu'à trois. Or, en tout état de cause, pour maîtriser un praticable arithmétique aussi minimum, nous devons savoir disposer de quatre éléments ; le quatrième étant l'unité : le *Un* qui n'est pas un nombre, à proprement parler, mais l'embrayeur de la construction de tous les autres[4].

Il n'en va pas autrement dans la triangulation œdipienne père-mère-enfant, laquelle n'a structuralement de sens que si nous la saisissons en référence à cette unité fondatrice qui l'ordonne : le *phallus*, entité d'autant plus irréductible qu'elle est l'unité signifiante du réel de la différence des sexes. Comme tel, le phallus constitue ainsi le centre de gravité de la fonction paternelle qui permettra à un Père réel de parvenir à en assumer la représentation symbolique. Pour cela, il suffira qu'il sache faire la preuve, à un moment donné, qu'il est précisément susceptible d'actualiser l'incidence phallique

---

3. La plus fameuse étant celle de Malinowski à une époque contemporaine de Freud. Tant par son explication personnelle des tabous que par sa critique du complexe d'Œdipe, Malinowski s'est opposé, en tous points, aux théories freudiennes ; notamment, à partir de ses travaux sur les habitants des îles Trobiand en Mélanésie, qui lui permirent de contester l'universalité du complexe d'Œdipe. Voir B. Malinowski, *La vie sexuelle des sauvages du Nord-Ouest de la Mélanésie*, Paris, Payot, 1930. Les thèses de B. Malinowski devaient être très vivement critiquées par C. Lévi-Strauss dans son célèbre ouvrage : *Les structures élémentaires de la parenté*, Paris/La Haye, Mouton de Gruyter, 1971.

4. Il s'agit là d'une référence laconique aux travaux de G. Frege à propos de la construction du nombre cardinal. Voir J. Dor, *L'a-scientificité de la psychanalyse*, tome II, coll. « Emergences », Paris, Editions Universitaires, 1988, pp. 157-164.

comme le seul agent régulateur de l'économie du désir et de sa circulation au regard de la mère et de l'enfant.

Afin d'exorciser les propositions « pédago-logiques » et les poncifs psychologisants encore trop généreusement répandus dans les milieux éducatifs autour de la *carence* du père[5], assurons-nous que la fonction paternelle conserve sa vertu symbolique inauguralement structurante en l'absence même de tout Père réel. Sous réserves de certaines conditions particulières inévitablement requises dans ce cas de figure limite et au souci près d'avoir à les signifier de façon opportune, la fonction du Père symbolique reste en effet, fondamentalement inductrice de cette promotion structurante en raison de son caractère de radicale extériorité vis-à-vis du Père réel.

En dernière extrémité, l'accent est donc mis sur la portée inexpugnable de cette *fonction symbolique* qui constitue la pierre angulaire de la problématique paternelle en psychanalyse. Le caractère *structurant* de cette fonction se fonde sur le seul fait qu'elle s'appuie sur un *principe structural*. Ce n'est pas là pure et simple redondance. Il s'agit de réaliser que cette fonction s'applique dans le cadre d'une *structure*, c'est-à-dire l'ensemble d'un système d'éléments gouvernés par des lois internes[6]. Dans un tel système, il suffit qu'un seul des éléments bouge pour que la logique de régulation de l'ensemble de tous les autres se modifie elle-même. La logique de ces différentes régulations constituant précisément l'expression de la fonction paternelle, on comprend qu'elle puisse demeurer opératoire en l'absence de tout Père réel.

Parce que la dimension du Père symbolique transcende la contingence de l'homme réel, il n'est donc *pas nécessaire qu'il y ait un homme pour qu'il y ait un père*. Son statut étant de pur référent, le rôle symbolique du père est avant tout sous-tendu par l'attribution imaginaire de l'objet phallique. Dans ces conditions, il suffit qu'un tiers, médiateur du désir de la mère et de l'enfant, fasse argument à cette fonction pour que soit signifiée son incidence légalisante et structurante. Or, faire

5. Concernant la question de la carence paternelle, voire *infra*, chapitre 4, pp. 42-43.

6. A propos de « structure », voir J. Dor, *Structure et perversions*, Paris, Denoël, coll. « L'espace analytique »,1987, chapitre 4, pp. 69 sq.

argument à cette fonction n'implique nullement, à la limite, l'existence *hic et nunc* d'un Père réel.

L'application de cette fonction résulte essentiellement de la *détermination d'une place tierce dans la logique de la structure* qui confère, en retour, une consistance exclusivement symbolique à l'élément qui l'occupe. En ce sens, le statut du Père symbolique peut donc être légitimement ramené, comme le mentionne Lacan, au *statut d'un signifiant* qu'il désigne alors *Nom-du-Père.* Statut déconcertant s'il en est puisqu'il n'exige en rien la présence d'un homme en situation de se désigner comme père dans la réalité.

C'est bien parce que le père est investi d'une contexture purement signifiante qu'il peut vectoriser une certaine homogénéité trouvant elle-même son assise logique dans une opération symbolique : la *métaphore du Nom-du-Père.* Une pareille opération, au cours de laquelle l'enfant substitue au signifiant du désir de la mère le signifiant Nom-du-Père, contribue ainsi à conférer au père un statut parfaitement original. De fait, au terme de cette substitution signifiante, tout se passe bien comme si le père auquel nous avons à faire n'était rien d'autre, comme le formule Lacan, qu'une pure *métaphore* [7]

7. Voir J. Lacan, *Les formations de l'inconscient,* 1957-1958, inédit, séminaire du 15 janvier 1958.

II
Nature - culture : la prohibition de l'inceste et le père de la « horde primitive »

C'est au mythe symbolique du père de la horde primitive qu'il faut nous référer pour tenter de circonscrire de manière plus approfondie, l'essence conceptuelle de la notion de père que nous venons d'introduire.

Freud expose ce mythe au terme de nombreuses analyses anthropologiques qui constituent le corps même de son célèbre ouvrage : *Totem et tabou*[1]. Sans reprendre le cours de ces riches développements, arrêtons-nous à la thèse du père primitif telle qu'il la développe au terme de son étude. Nous devons comprendre ce mythe comme celui sans lequel nous ne pourrions aborder la théorie du père en psychanalyse puisqu'elle en reçoit précisément toute sa consistance.

Pour ce faire, il paraît toutefois opportun de situer très rigoureusement cette question vis-à-vis du problème épistémologique qu'elle soulève : le problème nature-culture qui nous ramène en droite ligne, comme nous le verrons, au statut du père primitif.

1. S. Freud, *Totem und Tabu* (1912-1913), G.W. IX, S.E. XIII, 1-161. Trad. Jankélévitch, *Totem et tabou*, Paris, Payot, n° 77, 1973.

*
* *

Le problème nature-culture n'a été formulé qu'assez récemment dans le champ de la réflexion philosophique sous la forme d'une dualité. Approximativement, nous pouvons en situer l'articulation au XVIIIe siècle. Assurément, ce qui est ici en cause est aussi vieux que l'homme lui-même, puisque c'est toute la question de l'origine de l'homme comme telle qui est soulevée par la problématisation de ce couple nature-culture.

Traditionnellement, le couple nature-culture se présente comme un couple d'entités opposées. Le *culturel*, qui concernerait avant tout l'acquis, le social, le construit et l'institué, s'opposerait d'emblée à ce qui relèverait de l'ordre de l'inné. En ce sens, on peut donc supposer l'idée d'une progression ordonnée et hiérarchisée entre l'état de nature et l'état de culture. Par voie de conséquence, la culture serait aussi posée comme le produit d'aboutissement d'un progrès.

Une semblable conception du passage de la nature à la culture a toujours été à peu près insoluble tant qu'elle était problématisée sous cette forme, faute d'une stratégie épistémologique conséquente susceptible de la vectoriser. De fait, l'institution d'un tel mode de rapport entre la nature et la culture conduit nécessairement à des impasses rationnelles, voire à des apories logiques.

Si un philosophe comme Jean-Jacques Rousseau avait pourtant remarquablement pressenti cette difficulté, il n'a pas su en tirer parti. Nous en avons la preuve la plus manifeste dans sa célèbre étude : *Discours sur l'origine et les fondements de l'inégalité entre les hommes*[2].

Dans cette réflexion, Rousseau part de l'idée générale suivante : la nature de l'homme aurait été pervertie, corrompue par la société. Pour cette raison, seule *une fiction de l'homme à l'état de nature* permettrait de resituer ce que la culture a complètement détruit.

2. Voir J.-J. Rousseau, *Discours sur l'origine et les fondements de l'inégalité entre les hommes*, Paris, Gallimard, 1965.

L'idée d'une fiction *nécessaire* introduite par J.-J. Rousseau mérite que nous lui accordions une extrême attention. Elle suppose, en effet, que dès le XVIIIe siècle, l'état de nature ne pouvait déjà plus être pensé autrement qu'en l'espèce d'un *concept opératoire.* Au reste, Rousseau lui-même insistait comme il convenait, puisqu'il présentait cette référence à la fiction comme une *exigence nécessaire* de la raison. Et elle l'était au moins à deux titres. D'une part, il lui semblait manifeste qu'on ne pourrait jamais plus connaître l'état de nature. D'autre part, ajoutait-il, cet état de nature n'avait peut-être jamais existé. La fiction lui paraissait alors d'autant plus impérieuse que c'est sur elle qu'il devait fonder toutes les thèses de son fameux *contrat social*[3].

Si le passage de l'état de nature à l'état de culture ne peut donc pas faire l'objet d'une formulation objective, comment le conceptualiser ? Rousseau suggère de le concevoir « par imagination ». Seul l'homme proche de l'état de nature parviendra, par sa pureté morale, à faire revivre un tel état.

Nous retrouvons ainsi cette thèse chère à Rousseau de l'homme comme « animal dépravé », qu'il ne peut soutenir qu'au prix de certaines équivalences discursives. En premier lieu, elle suppose que la moralité est inhérente à l'état de nature. En second lieu, elle implique que la dépravation est le propre de l'état de culture. Dans l'état de nature, l'homme est supposé ignorer des valeurs axiologiques comme le bien et le mal. Mais s'il est une brute amorale, il n'en est pas moins une brute heureuse.

Tout son malheur venant du fait qu'il peut se perfectionner, il doit à cette aptitude la potentialité de devenir vraiment homme, c'est-à-dire un « animal doué de raison ». Aussi bien, l'homme naturel entre dans l'ordre proprement humain par la voie de ce perfectionnement qui l'insère, peu à peu, dans l'ordre culturel.

Pour Rousseau, c'est donc le mouvement qui, faisant advenir l'homme, le perd en même temps, d'une certaine façon. Si la nature porte en elle les germes de son dépasse-

3. Voir J.-J. Rousseau, *Du contrat social ou principes du droit politique*, Paris, Marabout Université, 1974.

ment, ces germes sont contradictoirement à l'origine du malheur de l'homme. Ainsi, l'idée d'un progrès qui serait lié à la culture apparaît radicalement récusée par Rousseau. C'est une utopie de penser que la culture est source de progrès puisqu'elle enlève à l'homme toute possibilité d'échapper à la corruption et à la dépravation. D'où la nécessité impérative d'un *contrat social* qui est destiné à réconcilier la société (la culture) avec les exigences du bonheur (la moralité).

Sans approfondir les grandes lignes qui animent cette réflexion, nous pouvons néanmoins tirer quelques éléments de conclusion à propos de cette conception classique nature-culture.

À certains égards, tout se passe comme si, dans ce contexte classique, l'homme appartenait à l'état de nature par son corps, c'est-à-dire le biologique, donc d'une certaine façon par *l'ordre de la nécessité.* Mais il ne semble pouvoir dépasser cet état de nature qu'à travers l'avènement de la raison et de la liberté qui le font accéder à la culture. *La culture naît donc de la nature de l'homme.* Du fait qu'elle est toujours, dans cette conception, implicitement posée comme le fruit d'un progrès, il s'ensuit logiquement que l'on a pu considérer les *sociétés dites primitives* comme autant d'étapes anthropologiques transitoires conduisant à son acquisition. Nous comprenons ainsi pourquoi un grand nombre d'études ont été faites, dans des champs conceptuels très réducteurs, souvent largement surdéterminées par des approximations idéologiques douteuses[4].

Nous devons pourtant reconnaître à Rousseau, le mérite d'avoir mis en place les bases de l'anthropologie contemporaine, en son temps et à sa façon. Ne suggérait-il pas déjà de recourir à l'expérience pour essayer de retrouver le naturel de l'homme à travers le culturel ? Si certaines observations expérimentales ont donné lieu à des réductions idéologiques inacceptables, d'autres, en revanche ont abouti à des résultats

4. Pour l'exemple, évoquons certaines conclusions anthropologiques de Lucien Lévy Bruhl concernant la *mentalité primitive.* Voir L. Lévy Bruhl, *Les fonctions mentales dans les sociétés inférieures,* Paris, 1910 ; *La mentalité primitive,* Paris, 1922.

beaucoup plus positifs. En particulier, les investigations anthropologiques de Lévi-Strauss ont permis de dénouer le problème nature-culture sur des bases opératoires étonnamment nouvelles.

Lévi-Strauss ne s'est pas efforcé d'imaginer un état de nature autant hypothétique qu'inaccessible, dont le projet heuristique lui apparaissait en opposition complète avec la rigueur de la recherche scientifique. Au contraire, il s'est employé à tenter de définir un critère qui permettrait de distinguer rigoureusement ce qui est naturel chez l'homme de ce qui est culturel. Ce critère ne lui semblait pouvoir être établi qu'en obéissant à certaines exigences.

D'une part, le naturel doit pouvoir obéir à des *lois universelles* par définition même. D'autre part, le culturel, quant à lui, ne semble pouvoir être institué qu'à partir de *règles particulières de fonctionnement.* Donc, tout ce qu'il y aura d'universel dans l'homme constituera sa nature, le reste étant alors nécessairement à porter au compte d'un produit de culture.

Par ailleurs, toutes les sociétés humaines étant normées et réglées, doivent être considérées en état de culture, y compris les sociétés dites primitives. C'est là une opposition complète avec les sociétés animales qui, pour leur part, ne sont en rien coextensives à une culture. Il faut donc parvenir à identifier, à travers toutes ces cultures, le substratum commun à l'ensemble des hommes dont on pourra alors dire qu'il constituera son état de nature.

Avec Lévi-Strauss, le problème se pose ainsi d'une manière absolument nouvelle. Puisque tout homme participe à une culture, la culture ne peut apparaître que comme la seule nature de l'homme. Le substratum commun recherché sera donc à la fois :

1ere) ce qui définit une culture ;

2e) ce qui, en étant *universel,* participe d'une nature.

C'est dans les règles qui régissent les échanges matrimoniaux que Lévi-Strauss parvient à mettre en évidence le substratum commun. En effet, dans ces règles, figure toujours une *loi universelle* qui est celle de la *prohibition de l'inceste.* Elle constitue donc le critère rigoureux qui permettra de séparer la culture de la nature. Ce fait incontestable, qui n'est ni purement culturel ni purement naturel, est souligné par Lévi-Strauss dans les termes suivants :

> Partout où la règle se manifeste, nous savons avec certitude être à l'étage de la culture. Symétriquement, il est aisé de reconnaître l'universel critère de la nature [...]
> Posons donc que tout ce qui est universel, chez l'homme, relève de l'ordre de la nature et se caractérise par la spontanéité, que tout ce qui a trait à une norme appartient à la culture et présente les attributs du relatif et du particulier [...]
> La prohibition de l'inceste présente, sans la moindre équivoque, et indissolublement réunis, les deux caractères où nous avons reconnus les attributs contradictoires de deux ordres exclusifs : elle constitue une règle, mais un règle qui, seule entre toutes les règles sociales, possède en même temps un caractère d'universalité.[5]

Et Lévi-Strauss poursuit ainsi :

> La prohibition de l'inceste n'est, ni purement d'origine culturelle, ni purement d'origine naturelle ; et elle n'est pas non plus un dosage d'éléments composites empruntés partiellement à la nature et partiellement à la culture. Elle constitue la démarche fondamentale grâce à laquelle, mais surtout en laquelle s'accomplit le passage de la nature à la culture. En un sens, elle appartient à la nature, car elle est une condition générale de la culture, et par conséquent il ne faut pas s'étonner de la voir tenir de la nature son caractère formel, c'est-à-dire l'universalité. Mais en un sens aussi, elle est déjà la culture, agissant et imposant sa règle au sein des phénomènes qui ne dépendent point, d'abord, d'elle.[6]

Avec cette mise au point épistémologique formulée par Lévi-Strauss, nous trouvons la confirmation la plus assurée du caractère an-historique du père, avancée précédemment[7]. Pourquoi le père peut-il être à la fois hors de toute histoire, tout en étant au point d'origine de ce qui la constitue ?

Admettons la loi de prohibition de l'inceste comme ce qui permet de distinguer strictement le culturel et le naturel chez l'homme. Pour que cette distinction soit recevable, il faut supposer logiquement qu'il puisse exister un *invariant naturel et universel spécifique à tous les hommes.* Comment mettre objectivement en évidence cet invariant ? La chose

---

5. C. Lévi-Strauss, *Les structures élémentaires de la parenté, op. cit.*, pp. 9-10.
6. *Ibid.*, p. 29.
7. Voir *supra*, p. 15.

n'est pas si aisée, et quelques arguments paraissent y faire obstacle, notamment certaines faits d'observation psychologique qui tendraient à prouver que l'existence d'un tel invariant n'est que pure fiction.

L'argumentaire critique le plus classique nous est apporté par le fait d'expérience des « enfants sauvages ». Ces cas-limites semblent en effet établir que, sans culture, l'homme n'est rien, pas même un animal dans la mesure où il apparaît comme moins qu'un animal. Outre que l'enfant sauvage *n'est pas un homme naturel*, il ne possède, par ailleurs, aucun des comportements naturels et adaptatifs des animaux. Ainsi se trouve déjà invalidée l'idée que l'homme, par régression, puisse revenir à un quelconque état de nature. L'état de nature apparaîtrait alors d'autant mieux une pure et simple fiction, que l'isolement social ne constitue en rien une condition favorable au développement d'un état naturel, mais, au contraire une condition de développement aberrante. De là à conclure que tout est nécessairement produit de culture chez l'homme et qu'il faut écarter l'idée d'un invariant naturel, le pas est vite franchi.

Par certains aspects, la théorie psychanalytique va permettre, à quelques conditions près, de réintégrer le concept de nature chez l'homme, conformément au critère dégagé par l'anthropologie. Le substratum recherché peut être défini comme un *substratum psychologique* qui manifeste son expression la plus significative dans *l'ordre œdipien.* L'homme participe en effet, à la nature, par son inscription incontournable dans la dynamique œdipienne qui est fondamentalement ordonnée par la dialectique du désir vis-à-vis de la différence des sexes. En d'autres termes, c'est parce que la loi de prohibition de l'inceste est à même d'établir la limite entre le naturel et le culturel, que l'ordre œdipien peut légitimement se présenter comme le substratum universel qui assigne la dimension du naturel chez l'homme.

En devenant coextensive à l'ordre œdipien, la problématique nature-culture déplace son espace d'opposition insoluble, vers celui d'un conflit justiciable d'une issue. De fait, l'ordre œdipien se définit bien comme le lieu d'un tel conflit susceptible d'aboutir en permettant au sujet d'accéder au registre symbolique, c'est-à-dire à la culture.

En résumé, la culture *est donc l'issue de l'expression d'un manque.* Parce que le naturel chez l'homme est isomorphe à l'ordre œdipien, la culture devient donc légitimement la véritable nature de l'homme qui naît de la prohibition originaire de l'inceste. En ce sens, la problématique nature-culture recentre de plein droit la question du père en psychanalyse, puisque c'est précisément de cette prohibition originaire de l'inceste, que s'efforce de rendre compte le mythe freudien du père de la horde primitive.

*
* *

Le mythe freudien du père primitif prend principalement appui sur la conception darwinienne « d'un père violent, jaloux, gardant toutes les femelles et chassant ses fils à mesure qu'ils grandissent »[8]. Cette horde primitive est donc, avant tout, une bande de frères vivant une tyrannie sexuelle forcée. Exclus, ils n'en finissent pas moins par constituer une force suffisante pour contester le despotisme paternel. Comme le remarque Freud, leur union leur permettait ainsi « de réaliser ce que chacun d'eux pris individuellement aurait été incapable de faire »[9].

Forts de leur assurance, ils finissent par décider la mise à mort du tyran, le tuent et le consomment au cours d'un repas cannibalique. Et Freud de poursuivre :

> Qu'ils aient mangé le cadavre de leur père, il n'y a à cela rien d'étonnant, étant donné qu'il s'agit de primitifs cannibales. L'aïeul violent était certainement le modèle envié et redouté de chacun des membres de cette association fraternelle. Or, par l'acte de l'absorption ils réalisaient leur identification avec lui, s'appropriaient chacun une partie de sa force.[10]

Freud insiste alors longuement sur le caractère ambivalent de cette fête cannibalique :

8. S. Freud, *Totem et tabou, op. cit.*, p. 162.
9. *Ibid.*, p. 163.
10. *Ibid.*

> Il suffit d'admettre que la bande fraternelle, en état de rébellion, était animée à l'égard du père de sentiments contradictoires qui, d'après ce que nous savons, forment le contenu ambivalent du complexe paternel chez chacun de nos enfants et de nos névrosés. Ils haïssaient le père, qui s'opposait si violemment à leur besoin de puissance et à leurs exigences sexuelles, mais tout en le haïssant, ils l'aimaient et l'admiraient. Après l'avoir supprimé, après avoir assouvi leur haine et réalisé leur identification avec lui, ils ont dû se livrer à des manifestations affectives d'une tendresse exagérée. Ils le firent sous la forme du repentir ; ils éprouvèrent un sentiment de culpabilité qui se confond avec le sentiment du repentir communément éprouvé. *Le mort devenait plus puissant qu'il ne l'avait jamais été de son vivant [...]* Ce que le père avait empêché autrefois, par le fait même de son existence, les fils se le défendaient à présent eux-mêmes en vertu de cette « *obéissance rétrospective* », caractéristique d'une situation psychique que la psychanalyse nous a rendue familière. Ils désavouaient leur acte en interdisant la mise à mort du totem, substitut du père, et ils renonçaient à recueillir les fruits de ces actes, en refusant d'avoir des rapports sexuels avec les femmes qu'il avait libérées.[11]

Ainsi se voit justifiée par Freud une des composantes essentielles du complexe d'Œdipe. En effet, le *sentiment de culpabilité* qui engendre originairement ces deux interdits se retrouve à l'œuvre dans la situation œdipienne à travers les deux désirs fondamentalement réprimés : la mise à mort du père et les exigences sexuelles envers la mère.

Le mythe freudien se prolonge alors de la manière suivante :

> Le besoin sexuel, loin d'unir les hommes, les divise. Si les frères étaient associés, tant qu'il s'agissait de supprimer le père, ils devenaient rivaux, dès qu'il s'agissait de s'emparer des femmes. Chacun aurait voulu, à l'exemple du père, les avoir toutes à lui, et la lutte générale qui en serait résultée aurait amené la ruine de la société. Il n'y avait plus d'homme qui, dépassant tous les autres par sa puissance, aurait pu assumer le rôle du père. Ainsi les frères, s'ils voulaient vivre ensemble, n'avaient-ils qu'un seul parti à prendre : après avoir, peut-être, surmonté de graves discordes, *instituer l'interdiction de l'inceste*, par laquelle ils renonçaient tous à la possession des femmes convoitées, alors que c'était principalement pour s'assurer cette possession qu'ils avaient tué le père.[12]

---

11. *Ibid.*, pp. 164-165 (souligné par moi).
12. *Ibid.*, p. 165 (souligné par moi).

Au terme de cette présentation synoptique du thème freudien de la horde primitive, un dernier point appelle encore quelques précisions. Pour autant qu'on ait pu faire grief à Freud de l'aspect précisément *mythique* de son excursus anthropologique, mentionnons à sa décharge que ce caractère mythique ne semble pas lui avoir échappé. Qui plus est, il demeurait clairement établi, à ses yeux, qu'il s'agissait d'un *mythe nécessaire*, comme il le remarque dès les premières lignes de *Totem et tabou* :

> On a essayé dans ce livre de déduire le sens primitif du totémisme de ses traces et de ses survivances infantiles, des aspects sous lesquels il se manifeste au cours du développement de nos propres enfants. Les rapports étroits qui existent entre le totem et le tabou semblent offrir de nouvelles bases à cette hypothèse ; mais à supposer même que celle-ci se *révèle finalement comme invraisemblable*, je n'en estime pas moins qu'elle aura contribué, dans une certaine mesure, à nous rapprocher d'une réalité disparue, et si difficile à reconstituer.[13]

*

* *

Toutes les implications de ce mythe nécessaire de la horde primitive se révèlent comme autant d'arguments susceptibles d'élucider cette notion de père telle que nous pouvons en saisir la fonction dans le champ d'investigation de l'inconscient.

---

13. *Ibid.*, pp. 6-7 (souligné par moi).

III
De l'homme au père et du père à l'homme *

La découverte freudienne nous a familiarisés avec le fait que, du point de vue de l'inconscient, il n'existe ni masculin, ni féminin. Cette constatation, largement corroborée par la pratique quotidienne, ne manque pas d'interroger sérieusement la question de *l'identité sexuelle.*

Sans aborder ici, en détail, le problème général posé par l'identité sexuelle[1], tenons-nous en, au moins, à cet aspect particulier qui concerne directement l'incidence paternelle. Nous pouvons l'introduire sans détour par cette interrogation : *faut-il nécessairement un homme pour qu'il y ait un père ?*

Pour aussi saugrenue qu'apparaisse la proposition à première vue, il revient pourtant à la réponse que l'on peut lui apporter, de produire l'exacte spécification de la fonction paternelle. La discrimination soulevée par cette question sup-

---

* Quelques aspects de ce thème ont fait l'objet d'une communication, le 17 janvier 1987, dans un colloque organisé par le professeur Philippe Gutton, consacré à « La question du père à l'adolescence ». Université Paris VII, UFR. Sciences humaines cliniques. Cette communication est publiée dans *Adolescence,* 1988, tome 6, n° 1, pp. 131-141.

1. Je développe cette question d'une manière synthétique dans mon ouvrage *Structure et perversions, op. cit.*, chapitre 16, pp. 217-233.

pose, en revanche, que soit aussi rigoureusement que possible sanctionné son domaine d'application. Ce domaine, définissons-le par les deux formules suivantes, qui en borneront l'extension et la compréhension :

1. *L'homme, en tant que Père, a à faire la preuve, à un moment donné, qu'il possède bien ce dont tout homme est dépourvu.*

2. *Le Père, en tant qu'homme, ne peut jamais apporter d'autre preuve que de donner ce dont il est dépourvu.*

Ces deux propositions ne sont aucunement des énoncés sibyllins, à condition que soit clairement désigné cet objet énigmatique que l'on peut à la fois posséder et dont on est tout aussi bien dépourvu : *le phallus.* C'est à ce titre, et à ce titre seulement, que *la fonction paternelle sera structuralement identifiée à la fonction phallique.*

*

* *

La source à cette identification est à repérer dans la logique même qui anime le développement du mythe de la horde primitive.

À plusieurs reprises, Freud insiste sur la nature des sentiments contradictoires exprimés par la bande fraternelle à l'endroit du tyran ; ambivalence dont il retrouve d'ailleurs les vestiges chez les enfants et les névrosés et qu'il spécifiera sous l'acception de *complexe paternel.* L'*amour* et la *haine* mobilisés vis-à-vis du despote (« tout en le haïssant, ils l'aimaient et l'admiraient ») résonnent à nouveau au moment du repas cannibalique où, après l'explosion de haine assassine, Freud fait l'hypothèse d'un débordement de manifestations affectives. Rappelons aussi que c'est à propos de ce débordement qu'il introduit l'idée d'un *repentir* associé à un *sentiment de culpabilité.*

Toutes ces indications doivent nous mettre sur la voie d'une *dette* nourrie à l'endroit du tyran, dette à tout jamais inscrite, que rien ne pourra complètement effacer, si ce n'est peut-être, comme le souligne Freud, qu'en l'honorant désormais *symboliquement,* au prix d'un interdit auquel on vouera le culte d'une « obéissance rétrospective ». Or, c'est bien au regard de cette *dette rétrospective* que le père mort devient ainsi « plus puissant qu'il ne l'avait jamais été de son vivant ». Plus puissant, comme en témoigne la suite du mythe, dans la mesure où c'est le *père mort* qui impose rétrospectivement *l'institution de l'interdit de l'inceste.*

Sur la base de ces quelques remarques, il est facile de saisir sous quelles conditions précises s'institue *l'édification symbolique du Père* à partir du père primitif. Édification symbolique qui constitue la pierre angulaire de la fonction paternelle au-delà de tous les pères de la réalité.

*

* *

Les conditions précises qui gouvernent cette édification symbolique sont, en effet, implicites au mythe freudien, pour peu que l'on prenne soin d'en ressaisir l'articulation à la lumière de certains apports lacaniens ayant trait à la *sexuation* et à l'*attribution phallique* [2]. À cette réserve près, nous pouvons alors en dégager l'infrastructure logique autour des quatre points suivants :

Premier point : partons de l'hypothèse qu'il existait un homme possédant toutes les femmes, lequel assurait jalousement cette possession en écartant ses descendants au fur et à mesure où ils grandissaient. Il s'agit alors de cet « au moins un » homme dont parle Lacan, pour qui rien ne venait faire limite aux exigences sexuelles. Ce cas de figure, Lacan l'exprime par l'algorithme suivant :

$$\exists x \; \overline{\phi x}$$

2. En ce qui concerne la sexuation au regard de l'attribution phallique, se reporter notamment aux travaux de Lacan suivants : *L'envers de la psychanalyse*, Livre XVII, 1969-1970, Paris, Le Seuil, 1991 ; *Un discours qui ne serait pas du semblant*, 1970-1971, séminaire inédit ; *Ou pire*, 1971-1972, séminaire inédit ; *Le savoir du psychanalyste*, 1971-1972, Entretiens de Sainte-Anne inédits ; « L'étourdit », in *Scilicet*, n° 4, Paris, Le Seuil, 1973, pp. 5-52 ; *Encore*, Livre XX, 1972-1973, Paris, Le Seuil, 1975.

Il existe donc « au moins un » x tel que la propriété ϕ (attribution phallique) ne s'applique pas à x, c'est-à-dire *qui n'est pas castré.* C'est bien pourquoi, en retour, cet « au moins un » imposait à la horde des rivaux exclus, des exigences sexuelles nécessairement limitées.

Second point : la toute-puissance inique de cet « au moins un » ne peut alors que susciter une certaine ambivalence. La horde des rivaux va ainsi développer des sentiments inévitables d'amour et de haine. En effet, s'ils nourrissent de la *haine* et des vœux de mort vis-à-vis de cet « au moins un », ils ne peuvent s'empêcher de l'*envier* en raison de ses attributs qui lui faisaient avoir toutes les femmes. D'où la suite logique du mythe.

Troisième point : pour posséder les femmes que l'on convoite, il importe donc d'être nanti des attributs du tyran. Les fils conviennent de le mettre à mort afin de s'approprier les marques de sa toute-puissance et de prendre sa place. Ils tuent le tyran et le consomment ensuite, au cours d'un repas cannibalique.

Quatrième point : la médiation du repas cannibalique évoquée par Freud est fondamentale. En cherchant à s'approprier les attributs de la toute-puissance du tyran, la bande des exclus réalise *une identification,* dont Freud décrit d'ailleurs ultérieurement le processus, en 1921, dans *Psychologie des foules et analyse du moi*[3]. Il s'agit de l'identification de la première espèce, judicieusement nommée *identification par incorporation* :

> Le petit remarque que le père lui fait obstacle auprès de la mère ; son identification au père prend maintenant une tonalité hostile et devient identique au désir de remplacer le père également auprès de la mère. L'identification est d'ailleurs ambivalente dès le début, elle peut tout aussi bien s'orienter vers l'expression de la tendresse que vers le désir d'éviction. Elle se comporte comme un rejeton de la première phase *orale* de l'organisation libidinale dans laquelle on s'incorporait, en mangeant, l'objet convoité et apprécié et, ce faisant, l'anéantissait en tant que tel. Le cannibale, comme on sait, en reste

3. Voir S. Freud, « Massenpsychologie und Ich-Analyse » (1921), G.W. XIII, 73-161, S.E. XVIII, 65-143. Nouvelle traduction : P. Cotet, A. Bourguignon, J. Altonnian, O. Bourguignon, A. Rauzy, « Psychologie des foules et analyse du moi », in *Essais de psychanalyse*, Paris, PBP, n° 44, 1984, pp. 117-217.

> là. Il aime ses ennemis jusqu'à les dévorer, et il ne dévore pas ceux qu'il ne peut aimer d'une manière ou d'une autre.[4]

Revenons à ce repas cannibalique identificatoire célébrant la mort de cet « au moins un » qui avait toutes les femmes. L'explication *symbolique* de ce repas cannibalique est bien rétrospectivement confortée par le rite du repas totémique que Freud n'hésite pas à désigner comme « la reproduction et [...] la fête commémorative de cet acte mémorable et criminel qui a servi de point de départ à tant de choses »[5].

Attardons-nous encore sur ce commentaire freudien étonnamment perspicace :

> Dans une occasion solennelle, le clan tue cruellement son animal totémique et le consomme tout cru [...] Les membres du clan sont vêtus de façon à ressembler au totem dont ils imitent les sons et les mouvements, comme s'ils voulaient faire ressortir leur identité avec lui. On sait qu'on accomplit une action qui est interdite à chacun individuellement, mais qui est justifiée dès l'instant où tous y prennent part ; personne n'a d'ailleurs le droit de s'y soustraire. L'action accomplie, l'animal tué est pleuré et regretté. Les plaintes que provoque cette mort sont dictées et imposées par la crainte d'un châtiment et ont surtout pour but [...] de soustraire le clan à la responsabilité du meurtre accompli.
>
> Mais ce deuil est suivi de la fête la plus bruyante et la plus joyeuse, avec déchaînement de tous les instincts et acceptation de toutes les satisfactions [...] Mais que signifie le deuil qu'on éprouve à la suite du meurtre de l'animal totémique et qui sert d'introduction à cette fête si joyeuse ? Si l'on se réjouit du meurtre du totem, qui est un acte ordinairement prohibé, pourquoi le pleure-t-on également ?
>
> Nous savons que les membres du clan se sanctifient par l'absorption du totem et renforcent ainsi l'identité qui existe entre eux, et leur identité avec lui. La disposition joyeuse et tout ce qui en découle pourrait s'expliquer par le fait que les hommes ont absorbé la vie sacrée dont la substance du totem était l'incarnation ou, plutôt, le véhicule.

Et Freud de conclure ainsi :

> La psychanalyse nous a révélé que l'animal totémique servait, en réalité, de substitut au père, et ceci nous explique la contradiction : [...] d'une part la défense de tuer l'animal ; d'autre part la fête qui suit sa

---

4. S. Freud, « Psychologie des foules et analyse du moi », in *Essais de psychanalyse*, *op. cit.*, p. 168.
5. S. Freud, *Totem et tabou*, *op. cit.*, p. 163.

> mort précédée d'une explosion de tristesse. L'attitude affective ambivalente qui, aujourd'hui encore, caractérise le complexe paternel chez nos enfants, et le prolonge quelquefois jusque dans la vie adulte, s'étendrait également à l'animal totémique qui sert de substitut au père.[6]

De ce commentaire freudien se dégage une conséquence tout à fait capitale : *seule la mort, à la fois célébrée et pleurée institue le défunt dévoré comme Père.* De fait, au terme de la célébration cannibalique, l'homme qui avait toutes les femmes n'apparaît plus comme le tyran à éliminer. Le *repentir* et la *culpabilité*, qui font cortège au deuil, instaurent le défunt en un lieu unique où il conviendra désormais d'assurer un culte. Ce culte aura pour objet d'*édifier symboliquement l'homme qui avait toutes les femmes tel un dieu à aimer* et vis-à-vis duquel chacun nourrira une *dette* sans fin. Pour cette raison seule, le mort devient alors « plus puissant qu'il ne l'avait jamais été de son vivant ».

La dette sera désormais honorée à travers le culte rétrospectif rendu à *l'institution symbolique de la prohibition de l'inceste* par laquelle *tous* les hommes renonceront aux femmes dont la possession serait celle d'un *seul homme*, alors symboliquement reconnu à cette place de *Père.*

En d'autres termes, l'homme qui avait toutes les femmes n'advient jamais comme *Père* que dès lors qu'il est *mort en tant qu'homme.* L'édification de l'homme en Père se réalise donc au prix d'une promotion symbolique qui ne peut se maintenir qu'en se soutenant d'un *interdit qui fait force de Loi.*

D'où ce second algorithme proposé par Lacan :

$$\forall x \quad \phi x$$

Tous les hommes sont soumis à la fonction ϕ, c'est-à-dire *sont castrés.* C'est donc l'exception du « au moins un » soustrait à la fonction phallique[7] (à la castration), qui fonde la Loi imposant la castration à tous les autres.

---

6. *Ibid.*, pp. 161-163.

7. $\exists x \quad \overline{\phi x}$

L'édification du *Père symbolique* ne saurait se constituer qu'à ce prix. En revanche, c'est ce prix qui investit ce Père comme référent d'une fonction qui pourra, en retour, être assumée par *tout homme* pour autant qu'il se présente, à un moment donné, comme celui qui saura faire la preuve que *lui seul* possède l'*attribut* qui le fait à la fois haïr et admirer. En ce sens il sera reconnu, en fonction de cet attribut, comme un ayant droit au regard de la femme convoitée. En tant qu'*homme réel*, c'est-à-dire en tant que tyran, il sera alors *symboliquement mis à mort* afin d'être investi autant qu'admis comme Père garant du maintien de la Loi.

En dernière extrémité, cette investiture symbolique fonde toute la différence entre le *Père réel* et le *Père symbolique*. Le Père réel n'est jamais logé à une autre enseigne que l'homme réel qui, pour être un Père, doit s'investir et se faire reconnaître comme Père symbolique. Il faut ainsi qu'il soit supposé détenir cet *attribut imaginaire phallique*, source de haine et d'envie, qui l'institue comme le *seul ayant droit*. Par voie de conséquences, *l'homme, en tant que Père, a à faire la preuve, à un moment donné, qu'il possède bien ce dont tout homme est dépourvu.*

Toutefois, en faisant prévaloir sa position d'ayant droit sur une femme interdite à sa descendance, ce Père n'est jamais père que symboliquement. Auprès de cette femme, il n'en reste pas moins pur et simple homme, c'est-à-dire ex-fils, dépourvu du phallus pour avoir dû lui-même accepter d'être castré, en en reconnaissant l'attribution à un Père. Il s'ensuit que : *le Père, en tant qu'homme, ne peut jamais apporter d'autre preuve que de donner ce dont il est dépourvu.*

Ainsi, la dimension symbolique du Père transcende bien la contingence de l'homme réel. Le statut de Père est un pur référent dont la fonction symbolique est sous-tendue par l'attribution de l'objet imaginaire phallique. Tout tiers qui fera argument à cette fonction en médiatisant les désirs respectifs de la mère et de l'enfant, instituera, par son incidence, la portée légalisante de l'interdit de l'inceste. Or, faire argument à cette fonction, n'implique pas autre chose que soit seulement convoqué, en position de *référent tiers,* le *signifiant du Père symbolique*, c'est-à-dire le *signifiant phallique en tant qu'il sym-*

bolise l'objet du manque désiré par la mère. De ce point de vue, cette fonction médiatisante n'appelle nullement, à la limite, l'existence *hic et nunc* d'un Père réel, autrement dit d'un homme. Nous pouvons donc répondre à la question inaugurale : *il ne faut pas nécessairement un homme pour qu'il y ait un père.*

Cette nécessité n'est concevable qu'originairement c'est-à-dire mythiquement, puisqu'il s'agit de l'homme qui avait toutes les femmes. Mais, comme tel, puisqu'il n'était pas castré, ce n'est qu'un homme mythique. En revanche, quant à l'acception de l'homme inscrit dans une contingence historique, donc au regard de la seule réalité d'homme qui nous soit jamais donnée et connue, cette nécessité ne s'impose pas. Tout au plus, il faut et il suffit que le désir de tout un chacun soit référé et médiatisé par l'unique consistance de ce signifiant du Père symbolique qu'est le *Nom-du-Père.*

Il n'est pas d'autre discrimination cohérente que l'on puisse mettre en évidence, entre la dimension du *Père* et celle de l'*homme.*

IV
Le Père réel, le Père imaginaire et le Père symbolique : la fonction du père dans la dialectique œdipienne

Le repérage de la *fonction symbolique du père* par rapport à l'existence contingente du *Père réel*, détermine une des bases les plus fondamentales de la clinique psychanalytique. Il n'en serait pour autre preuve convaincante que de rappeler que l'édification du Père symbolique à partir du Père réel, constitue la dynamique même qui règle le cours de la dialectique œdipienne et, avec elle, toutes les conséquences psychiques qui en dépendent.

Aussi bien, il importe d'examiner les principaux moments qui contribuent, dans cette dialectique, à une telle édification, sans laquelle la fonction paternelle reste inadéquate à promouvoir la structuration psychique de l'enfant vers un seuil de potentialités nouvelles.

Il s'agit moins de parcourir les arcanes qui ordonnent le cours de la dialectique œdipienne elle-même[1], que de mettre l'accent sur la problématique paternelle telle qu'elle y inter-

---

1. En ce qui concerne le développement détaillé de la dialectique œdipienne, se reporter à mon ouvrage : *Introduction à la lecture de Lacan*, tome I, *op. cit.*, notamment aux chapitres 11, 12 et 13, pp. 89-122.

vient. Cette « problématique paternelle », entendons-la comme la succession logique des *investissements différents dont la figure paternelle fait l'objet.* Investissements qui ponctuent la dynamique œdipienne d'autant d'incidences décisives vis-à-vis de la structuration psychique de l'enfant. Tel est surtout l'aspect de cette métamorphose symbolique du père sur laquelle nous mettrons l'accent.

Quelques formules lapidaires de Lacan fixent remarquablement l'ascendant de cette problématique paternelle dans le complexe d'Œdipe. Dès 1958, s'appuyant sur les travaux de Freud, Lacan articule d'emblée la notion de père à celle du complexe d'Œdipe, sous la forme d'une implication logique :

> Il n'y a pas de question d'Œdipe s'il n'y a pas de père ; inversement parler d'Œdipe, c'est introduire comme essentielle la fonction du père.[2]

Poursuivant sa réflexion, Lacan fait ensuite une mise au point capitale concernant la distinction entre le Père *symbolique* et la *présence* du père contingent, c'est-à-dire *réel*, en ces termes :

> Est-ce qu'un Œdipe peut se constituer de façon normale quand il n'y a pas de père ? [...] On s'est aperçu que ça n'était pas si simple, qu'un Œdipe pouvait très bien se constituer quand bien même le père n'était pas là [...] Les complexes d'Œdipe tout à fait normaux, normaux dans les deux sens, en tant que normalisant d'une part, et aussi normaux en tant qu'ils dénormalisent, je veux dire par leurs effets névrosants par exemple, s'établissaient d'une façon exactement homogène aux autres cas, même dans le cas où le père n'est pas là.[3]

Continuant à circonscrire l'incidence du père dans le complexe d'Œdipe, Lacan s'efforce alors de spécifier, non plus les infortunes inhérentes à son absence, mais plus précisément l'influence induite par les aléas de sa présence : la fameuse *carence paternelle.*

> En ce qui concerne la carence, je voudrais simplement vous faire remarquer que quand le père est carent et dans la mesure où l'on parle de carence, on ne sait jamais de quoi [...] On a entrevu le problème de sa carence, non pas d'une façon directe [...] mais comme

2. J. Lacan, *Les formations de l'inconscient, op. cit.*, séminaire du 15 janvier 1958.
3. *Ibid.*

> c'était évident depuis le premier abord. C'est en tant que membre du trio fondamental, ternaire de la famille, c'est-à-dire en tant que tenant sa place dans la famille, qu'on pouvait commencer à dire des choses un peu efficaces concernant la carence [...] Parler de sa carence dans la famille n'est pas parler de sa carence dans le complexe. Parce que pour parler de sa carence dans le complexe, il faut introduire une autre dimension que la dimension réaliste.[4]

Cette distinction étant posée, et, avec elle, renforcée la différence existante entre le Père symbolique et le Père réel, Lacan précise enfin le statut authentique du père structuralement impliqué dans le complexe d'Œdipe :

> Le père n'est pas un objet réel, alors qu'est-ce qu'il est ? [...] Le père est une métaphore. Une métaphore, qu'est-ce que c'est ? [...] C'est un signifiant qui vient à la place d'un autre signifiant [...] Le père est un signifiant substitué à un autre signifiant. Et là est le ressort et l'unique ressort essentiel du père en tant qu'il intervient dans le complexe d'Œdipe.[5]

Ces différentes élucidations avancées par Lacan peuvent ainsi s'ordonner selon quatre lignes directrices essentielles qui rendent parfaitement compte de la fonction exacte jouée par l'instance paternelle dans le procès œdipien.

1. La notion de fonction paternelle institue et régule la dimension complexuelle de l'Œdipe (dimension conflictuelle).
2. Le développement de la dialectique œdipienne requiert assurément l'instance symbolique de la fonction paternelle sans exiger pour autant la présence nécessaire d'un Père réel.
3. La carence du Père symbolique, c'est-à-dire l'inconsistance de sa fonction dans le cours de la dialectique œdipienne, n'est aucunement coextensive à la carence du Père réel dans sa dimension réaliste.
4. L'instance paternelle inhérente au complexe d'Œdipe est exclusivement symbolique puisqu'elle est métaphore.

*

* *

---

4. *Ibid.*
5. *Ibid.*, (souligné par moi).

Paradoxalement, le seuil du procès œdipien se caractérise précisément par l'éclipse de l'instance paternelle. Non que le Père réel ne se manifeste pas comme tel. Au contraire, tout se passe même comme s'il n'intervenait là que dans sa seule contingence réaliste, laquelle reste sans incidence prépondérante au niveau d'une quelconque médiation des enjeux œdipiens.

L'enfant est, en effet, captif d'un certain mode de relation à la mère vis-à-vis de laquelle, le père, comme Père réel, est *étranger*. Au reste, cette relation est proprement appelée *relation fusionnelle*, dans la mesure même, où aucune instance extérieure n'est susceptible de pouvoir en médiatiser les enjeux du désir. L'indistinction fusionnelle de l'enfant à la mère résulte donc essentiellement du fait que l'enfant se constitue *comme le seul objet qui peut combler le désir de la mère*.

Étant hors-circuit de la relation mère-enfant, le Père réel ne peut donc en rien prétendre à l'assomption de sa fonction symbolique. Et cela d'autant moins que l'enfant, en tant qu'objet susceptible de combler le désir de la mère est alors *identifié à son phallus*. Or nous avons vu que cette fonction symbolique n'avait de caractère opératoire que dans la seule mesure où le père se trouvait investi de l'attribution phallique.

Le phallus n'étant pas là où l'on devrait le supposer, l'enfant, à ce seuil de l'Œdipe, entretien une relation au phallus apparemment étrangère à la castration puisqu'il *est* lui-même l'objet phallique. Or un tel objet, dans son essence, est précisément l'objet imaginaire de la castration. Il en résulte que l'identification phallique de l'enfant est une *identification strictement imaginaire*. Il n'y a rien d'étonnant à ce que cette identification phallique, qui ne soustrait l'enfant à la castration qu'imaginairement, l'y convoque en retour d'autant mieux.

Pour cette raison, le *Père réel*, préalablement étranger à la relation mère-enfant, ne saurait guère se trouver longtemps assigné dans une telle extériorité. En tant que Père réel, sa présence apparaîtra inévitablement de plus en plus gênante à l'enfant dès lors qu'elle prendra une certaine consistance significative vis-à-vis du désir de la mère et de ce que l'enfant est à même d'en saisir.

La consistance du Père réel à l'endroit du désir de la mère va donc commencer à questionner l'économie du désir de l'enfant sous cette forme intrusive. Cette interpellation suscite ainsi chez lui une remise en question de son identification imaginaire à l'objet du désir de la mère. L'enfant entre désormais dans un moment d'incertitude psychique sur la question de son désir par rapport à l'assurance qu'il en avait vis-à-vis de celui de la mère. Seule cette incertitude permet de comprendre comment l'enfant commence à être confronté au registre de la castration par l'instance paternelle.

Du fait de cette confrontation subreptice à la castration, s'amorce un nouvel enjeu dans la dynamique désirante de l'enfant qui sera désormais explicitement vectorisée par l'instance paternelle. De plus en plus, le Père réel apparaît à l'enfant comme un *ayant droit* quant au désir de la mère. Toutefois cette figure de l'ayant droit ne saurait, dans un premier temps, s'actualiser auprès de l'enfant que sur le terrain de la *rivalité phallique* vis-à-vis de la mère. Rivalité phallique où la figure paternelle sera doublement investie par l'enfant sous les atours d'un *père privateur et interdicteur*.

Le Père réel n'a en rien à se montrer délibérément privateur et interdicteur, pour apparaître comme tel à l'enfant. Seule l'incertitude de l'identification phallique de l'enfant rend celui-ci désormais plus sensible à cette présence paternelle intrusive. Par ailleurs, menacé dans ses investissements libidinaux archaïques auprès de la mère, l'enfant commence à pressentir insensiblement quelque chose qui a toujours été là : l'incidence du désir de la mère à l'endroit du désir du père. Aussi inconfortable soit-elle, cette découverte ne peut que mobiliser l'enfant à pressentir le *Père réel* sous un jour de plus en plus imaginaire. C'est donc essentiellement en qualité de *Père imaginaire*, que l'enfant percevra désormais cet ayant droit gêneur qui prive et interdit : soit les deux formes d'investissements qui contribuent à médiatiser la relation fusionnelle de l'enfant à la mère.

Parce qu'il est supposé opposer à la mère la possibilité d'être comblée par le seul et unique objet de désir qu'est son enfant, le père survient inévitablement comme un intrus *privateur* dans l'investissement psychique de l'enfant. Par ailleurs, l'empêchant de l'avoir toute à lui, le père, découvert comme ayant droit sur la mère, se manifeste alors à l'enfant comme *interdicteur*. La privation jointe à l'interdit ne peut, enfin, que susciter chez l'enfant la représentation d'un père lui imposant d'être confronté au manque imaginaire de cet objet réel qu'est la mère et dont il a besoin.

Plus généralement, le père est pressenti comme un objet rival auprès du désir de la mère, dès lors qu'il apparaît comme *autre* (hétéros) par rapport à la dyade fusionnelle mère-enfant. Cependant, si cette rivalité phallique incite l'enfant à vivre imaginairement la présence paternelle sous l'aspect d'un *tyran totalitaire*, elle n'en atteste pas moins un *déplacement significatif de l'objet phallique*. En se montrant à l'enfant comme un hypothétique objet du désir de la mère, le père se présente, à l'instar de l'enfant, comme un phallus rival. Ainsi, autour de l'interrogation de l'enfant : *être ou ne pas être le phallus de la mère*, un glissement s'est effectué qui est celui du phallus lui-même. Dès que le père est soupçonné d'être un phallus rival – fut-il hypothétique – *l'attribution phallique paternelle est amorcée*. Mais si elle l'est, c'est sur le mode de « l'être », puisque le père n'est pas encore supposé « avoir » le phallus.

Par ailleurs, le phallus s'étant déplacé au lieu de l'instance paternelle – même si le père n'est encore pressenti que comme étant lui-même un phallus – l'enfant est désormais implicitement conduit à rencontrer la *Loi du père*. À travers la rivalité phallique orchestrée sur le mode de la privation, de l'interdiction et de la frustration, l'enfant découvre tout aussi bien que la *mère est dépendante du désir du père*. Par voie de conséquence, le désir de l'enfant pour la mère ne peut plus éviter de télescoper la loi du désir de l'autre (le père) à travers le désir de la mère. En sorte que l'enfant doit faire sienne cette nouvelle prescription qui réglera l'économie de son désir : *le désir de chacun est toujours soumis à la loi du désir de l'autre*. Mais, en regard de la contrainte narcissique impliquée par cette prescription, occasion lui est donnée d'entrevoir un nouveau déplacement de l'objet phallique.

Si le désir de la mère est soumis d'une certaine façon à l'instance paternelle supposée priver, interdire et frustrer, il en résulte que la *mère reconnaît aussi la loi du père* comme celle qui médiatise son propre désir. Une seule conclusion s'impose donc à l'enfant : la reconnaissance qu'elle a de cette loi n'est autre que *celle qui régule le désir qu'elle a d'un objet qui n'est plus l'enfant mais que le père, en revanche, est supposé avoir.* L'enfant accède ainsi à un stade où, comme le formule Lacan :

> Quelque chose qui détache le sujet de son identification le rattache en même temps à la première apparition de la loi sous la forme de ce fait que, là-dessus, la mère est dépendante ; dépendante d'un objet qui n'est plus simplement l'objet de son désir, mais un objet que l'autre a ou n'a pas.[6]

Avec ce nouveau déplacement de l'objet phallique s'inaugure le temps décisif du complexe d'Œdipe où l'instance paternelle va se défausser de ses oripeaux imaginaires pour advenir en place de *Père symbolique*, c'est-à-dire en un lieu où il sera *investi comme celui qui a le phallus.*

Pour saisir ce moment crucial de l'avènement du Père symbolique, reportons-nous de façon lapidaire à la référence freudienne du *fort-da*[7] qui témoigne, sans conteste, de l'institution de ce processus de symbolisation. Le renversement symbolique qui s'opère à travers le jeu du fort-da atteste, en effet, de la mise en acte d'un certain processus de maîtrise chez l'enfant : la *maîtrise de l'absence maternelle.* En la chassant et en la faisant revenir symboliquement à travers ce jeu de la bobine, l'enfant se dévoile dans deux attitudes tout à fait nouvelles. D'une part, dans une *attitude psychique active de sujet*, et non plus dans la dimension passive d'objet du désir de l'Autre qui avait été jusqu'à présent la sienne. D'autre part, l'enfant fait la preuve d'un *authentique renoncement psychique*

---

6. *Ibid.*, séminaire du 22 janvier 1958.

7. Voir S. Freud, « Jenseits des Lustprinzips » (1920), G.W. XIII, 3-69, S.E. XVIII, 1-64. Traduction J. Laplanche, J.-B. Pontalis (2e édition), « Au-delà du principe de plaisir », in *Essais de psychanalyse, op. cit.*, pp. 52 sq.

à son identification primordiale à l'objet qui comble le désir de l'Autre.

Cependant, le signe le plus spectaculaire de cette maîtrise réside, à proprement parler, dans le processus d'*accès au symbolique lui-même*, par lequel Lacan nous montre comment l'enfant va désormais se constituer comme *sujet* à travers cette opération inaugurale qu'il appelle *métaphore paternelle* et son mécanisme corrélatif le *refoulement originaire.*

Dans l'ordre du discours, une construction métaphorique se réalise par la substitution d'un symbole de langage à un autre symbole de langage. Pour autant que l'opération consiste à désigner une chose par le nom d'une autre chose, la métaphore se développe sur la base d'une *substitution signifiante* au cours de laquelle un signifiant (le signifiant d'origine) est provisoirement refoulé au bénéfice de l'avènement d'un autre (le signifiant substitutif)[8].

Nous pouvons aisément comprendre la mise en place du processus de la métaphore paternelle à partir du principe de cette substitution signifiante, où un signifiant nouveau va venir prendre la place du signifiant originaire du désir de la mère. Ce dernier, refoulé au bénéfice du nouveau, deviendra désormais inconscient. Seul ce *refoulement originaire* est susceptible de prouver que l'enfant a renoncé à l'objet inaugural de son désir. Autrement dit, il ne peut y renoncer que dans la mesure où ce qui le signifie est devenu inconscient pour lui. L'algorithme de cette substitution nous est proposé par Lacan sous la forme suivante[9] :

$$\frac{S2}{\$1} \cdot \frac{\$1}{s1} \rightarrow S2 \left(\frac{I}{s1}\right)$$

8. Le principe de cette substitution signifiante dans la métaphore est développé en détail dans l'*Introduction à la lecture de Lacan*, tome I, *op. cit.*, chapitre 6, pp. 54 sq.

9. Voir J. Lacan, « D'une question préliminaire à tout traitement possible de la psychose », in *Ecrits*, Paris, Le Seuil, 1966, p. 557. La formule explicite de Lacan est la suivante :

$$\frac{S}{\$'} \cdot \frac{\$'}{x} \rightarrow S \left(\frac{I}{s}\right)$$

Par convention, posons l'algorithme $\frac{S1}{s1}$ comme l'expression signifiante du désir originaire de l'enfant :

$$\frac{S1}{s1} \Longleftrightarrow \frac{\text{Signifiant du désir de la mère}}{\text{Idée du désir de la mère : phallus}}$$

C'est à partir de cette expression signifiante du désir originaire que l'enfant va introduire un signifiant nouveau pour le désigner métaphoriquement.

Dans la dialectique œdipienne, nous avons vu que l'enfant était conduit à abandonner la position de l'*être* (être le phallus) pour accéder à celle de l'*avoir*. Ce « passage » ne pourra toutefois s'effectuer qu'à partir du moment où l'enfant aura établi une association significative entre l'absence de la mère et la présence du père. Mais dès lors qu'on évoque une association significative, on suppose nécessairement réalisée une *désignation symbolique* puisqu'une chose ne fait jamais sens qu'à travers une telle désignation. Or, celle dont il est question ici résulte, comme nous allons le voir, d'un processus métaphorique.

En désignant le père comme cause des absences de la mère, l'enfant le *nomme* comme ce qui signifie l'idée qu'il a de ce qui mobilise le désir de la mère. Ainsi associe-t-il un signifiant nouveau, le *Nom-du-Père* (S2), au signifié *phallus* (s1). L'introduction de ce nouveau signifiant S2 qui se substitue à S1, fait alors passer ce dernier dans l'inconscient. Au terme de la substitution métaphorique, le père est désormais référé au phallus par l'enfant en tant qu'objet du désir de la mère.

C'est seulement dans cette mesure que le *Père réel* a été investi comme *Père symbolique* par la médiation du *Père imaginaire.* Cependant, cette référence au père, dorénavant associée à l'idée du désir de la mère, n'est qu'un pur signifiant, le *Nom-du-Père,* comme y insiste très justement Lacan :

> La fonction du père dans le complexe d'Œdipe est d'être un signifiant substitué au signifiant, c'est-à-dire au premier signifiant introduit dans la symbolisation, soit le signifiant maternel.[10]

L'issue de ce processus de symbolisation est grosse de potentialités structurantes pour l'enfant.

En signifiant le père comme cause désirante des absences de la mère, l'enfant continue, en fait, à désigner l'objet fondamental de son désir. Mais il le fait, à son insu, étant donné que le signifiant originaire du désir de la mère a été refoulé. En conséquence, en produisant le signifiant Nom-du-Père, l'enfant nomme bien ainsi métaphoriquement l'objet fondamental de son désir. Il en résulte que le symbole du langage a pour principale fonction de pérenniser l'objet originaire du désir dans une désignation, sans que le sujet en sache désormais quelque chose. *La division du sujet par l'ordre signifiant* (Spaltung) *est donc une conséquence directe de son accès à l'ordre symbolique*[11].

Le renoncement de l'enfant à l'objet fondamental de son désir, s'il est avant tout renoncement symbolique, n'en est pas pour autant dérisoire. En lui ouvrant à proprement parler l'accès au symbolique, ce renoncement lui assure la possibilité de pouvoir s'y manifester lui-même comme *sujet*, dès lors que c'est lui qui désigne. La première désignation inaugurale témoignant de son statut de sujet étant celle du Nom-du-Père, il s'ensuit que le sujet se produit dans cette désignation comme *sujet désirant* puisqu'il ne fait jamais que continuer à signifier, dans le langage, l'objet primordial de son désir.

Par ailleurs, en le faisant advenir comme sujet désirant, ce renoncement traduit explicitement, l'expression de sa propre *castration*. L'avènement du *Père symbolique* comme Nom-du-Père atteste, en effet, de la reconnaissance d'un *Père castrateur* par l'enfant, non seulement en raison de l'attribution phallique qui lui est accordée, mais encore du fait même que la mère est supposée trouver auprès de lui l'objet désiré qu'elle n'a pas. *Le Père symbolique* n'apparaît donc à l'enfant comme

---

10. J. Lacan, *Les formations de l'inconscient, op. cit.*, séminaire du 15 janvier 1958.
11. Sur la division du sujet, voir *Introduction à la lecture de Lacan*, tome I, *op. cit.*, chapitres 15 et 16, pp. 128-144.

Père castrateur que dans la stricte mesure où l'enfant l'investit également comme un *Père donnateur* vis-à-vis de la mère. Ainsi, la *métaphore du Nom-du-Père, qui actualise la castration est nécessairement isomorphe à la symbolisation de la Loi.* Par voie de conséquence, la castration ne saurait intervenir dans le complexe d'Œdipe que sous l'aspect d'une *castration symbolique,* faute de quoi, elle demeure radicalement inintelligible. De fait, ayant pour objet le phallus, elle ne peut pas traduire autre chose que la *perte symbolique d'un objet imaginaire*[12].

Aussi déconcertante soit-elle, la saillance du Père, en tant que pure et simple métaphore, n'en subsiste pas moins la seule investiture structurante pour l'enfant. Mais, tout aussi bien, demeure-t-elle riche d'avatars irréversiblement déterminants quant à son devenir.

12. Cette définition est une référence directe à la problématique du *manque de l'objet* dont Lacan nous montre qu'il ne peut se manifester que sous trois occurrences spécifiques : la *frustration* qui est le manque imaginaire d'un objet réel ; la *privation* qui est le manque réel d'un objet symbolique ; la *castration* qui est le manque symbolique d'un objet imaginaire. Voir *La relation d'objet,* Livre IV, 1956-1957, Paris, Le Seuil, 1994, séminaires des 5 et 12 décembre 1957, pp. 41-75.

V
La fonction paternelle et ses avatars

Le rôle princeps joué par la *métaphore du Nom-du-Père* dans la structuration psychique de l'enfant permet de comprendre, rétrospectivement, en quoi le statut du Père réel est secondaire dans la mesure où l'enfant ne parvient pas à l'investir, à un moment donné, comme Père symbolique. Autrement dit, la présence ou l'absence du Père réel cèdent le pas devant l'incidence médiatrice du Père symbolique.

Le Père symbolique ayant pour tout statut une *existence signifiante*, ce signifiant Nom-du-Père peut donc toujours être potentiellement présentifié comme instance médiatrice en l'absence de Père réel. Il suffit qu'il le soit *dans le discours de la mère* de telle sorte que l'enfant puisse entendre que le désir de la mère s'y trouve lui-même référé – ou à l'extrême limite l'a été au moins pendant un certain temps.

L'institution de la fonction paternelle est directement tributaire de la *circulation du phallus* dans la dialectique œdipienne. Toutefois, cette circulation suppose, à son tour, que différents protagonistes soient amenés à occuper des places spécifiques dans cet espace de configuration œdipien. Bien qu'il s'agisse de places, ceci n'implique pas que les protagonistes soient pour autant des éléments indifféremment substituables entre eux. Pas plus un père ne peut *être* une mère ; pas davantage une mère ne peut se substituer à un père. Ceci n'est pas contradictoire avec le fait qu'une mère peut toujours *s'identifier à un père* et réciproquement. Dans le premier cas, nous avons coutume de dire qu'une mère est dans une *position paternelle* avec son enfant. Au reste, c'est bien la seule occurrence où il est possible de parler de *mère phallique.* Dans le second cas, le père est dit dans une *position maternelle.* Toutefois, dans un cas comme dans l'autre, il ne s'agit que de *problématiques identificatoires*, c'est-à-dire de dispositifs imaginaires. Pour cette raison, de telles positions identificatoires n'ont donc pas la portée symbolique qui leur est respectivement attachée. Tout au plus constituent-elles des paramètres perturbateurs et invalidants, quant au repérage du phallus par l'enfant, dans sa trajectoire œdipienne.

On peut toujours se demander pourquoi de tels cas de figure n'induisent pas d'effets symboliques au même titre que la vectorisation habituelle de la fonction paternelle ?

Pour ne retenir qu'un cas de figure délibérément exemplaire, évoquons, à cet effet, l'ampleur des tourments imaginaires auxquels sont confrontés les couples de femmes homosexuelles ayant des enfants. Dans un tel couple, pourquoi l'une des partenaires féminines ne pourra-t-elle jamais assumer la fonction paternelle pour autant qu'elle s'efforce de s'y employer auprès de l'enfant ?

La solution de ce problème présente, malheureusement, bien plus de simplicité que les homosexuelles n'éprouvent de souffrance à tenter de le résoudre, puisqu'il est fondamentalement lié au réel de la différence des sexes. Or, qu'on veuille le savoir ou non, elle est irréductible. Le rôle maternel est inexpugnable en ce sens qu'il est institué et soutenu par la question de la différence des sexes au regard de l'enfant. Pour sa part, la fonction paternelle n'est symboliquement opératoire que parce qu'elle en procède directement. En d'autres termes, c'est *la loi du phallus qui est déterminante.*

Certes, il suffit que le signifiant *Nom-du-Père* soit convoqué dans le discours maternel, pour que la fonction médiatrice du Père symbolique soit structurante. Mais encore faut-il que ce signifiant Nom-du-Père soit explicitement et sans ambiguïté référé à l'existence d'un tiers marqué dans sa différence sexuelle par rapport au protagoniste qui se présente comme mère. C'est seulement à ce titre qu'en l'absence de Père réel, le signifiant Nom-du-Père peut avoir toute sa portée symbolique. Pour cette raison, il est clair qu'il *ne saurait exister de fonction maternelle au sens d'une équivalence symétriquement substituable à la fonction paternelle.*

Le fantasme d'une telle fonction renvoie, bien évidemment, au mythe de la horde primitive et à ses conséquences. En instituant la *castration symbolique*, ce mythe inscrit symboliquement la problématique de la différence des sexes au regard du phallus. En sorte que le phallus, ou plus exactement le *signifiant phallique*, n'a qu'une seule fonction : *celle de symboliser la différence des sexes* elle-même. Et c'est bien cette fonction de référence qui impose à tout sujet d'avoir à négocier sa propre identité sexuelle vis-à-vis de ce signifiant phallique. Aussi n'est-ce pas par hasard si Lacan insiste à désigner cette incidence du signifiant phallique comme *signifiant du manque dans l'Autre* : $S(\not{A})$[1].

De la même manière, Lacan inscrit la primauté de ce signifiant dans ses fameuses formules de la sexuation, en proposant des algorithmes logiques radicalement *différents* pour symboliser la sexuation des femmes[2]. Cette différence d'inscription n'a pas d'autre signification que d'indiquer qu'il n'existe pas, pour les femmes, d'autres référent à la castration que celui qui opère pour les hommes : le *Nom-du-Père*, soit ce « au moins un », Père symbolique, non castré et détenteur du phallus.

*

* *

1. Voir J. Dor, *Introduction à la lecture de Lacan*, tome I, *op. cit.*, chapitre 25, p. 245.

2. $\overline{\exists x}\ \overline{\phi x}$ et $\overline{\forall x}\ \phi x$.

Voir J. Dor, a) Structure et perversions, op. cit., *chapitre 16, pp.* 217-227. *Voir J. Dor, b)* Introduction à la lecture de Lacan, *tome II, Paris, Denoël, 1992, chapitres 13 et 14, pp.* 245-268.

À certains égards, tous les avatars de la fonction paternelle restent donc suspendus au destin qui est réservé au *signifiant du manque dans l'autre* S (Ⱥ).

Le signifiant du manque dans l'Autre spécifie avant tout la prévalence de la castration. C'est à cette place que le désir de l'enfant rencontrera la loi du désir de l'autre, celle du père. En la circonstance, la mère se révélera comme une occurrence barrée en tant qu'objet de jouissance.

Nous avons vu que ceci ne pouvait advenir comme processus de symbolisation structurant pour l'enfant, que dans la mesure où le père lui apparaissait supposé *avoir* le phallus. Autre manière de dire que la fonction paternelle n'est opératoire qu'à la condition qu'elle soit investie du statut d'*instance symbolique médiatrice.*

Le sort de cette attribution phallique scande ainsi la dialectique œdipienne, en ouvrant la voie à des potentialités de « cristallisations » significatives dont dépendra directement l'organisation des principales structures psychiques : la *structure perverse,* la *structure obsessionnelle*, la *structure hystérique*, voire, par défaut, les *structures psychotiques* comme nous le verrons plus avant.

FONCTION PATERNELLE ET STRUCTURE PERVERSE[3]

L'intrusion de la figure du Père imaginaire, fantasmé, par l'enfant, tel un concurrent phallique auprès de la mère, amorce le passage de la dialectique de l'*être* à celle de l'*avoir.* Toutefois, ce passage ne peut logiquement s'effectuer que sous réserve que le père apparaisse bien à l'enfant, à un moment donné, comme celui qui est supposé détenir l'objet que la mère désire.

Il en résulte que la mère doit savoir se signifier à l'enfant telle une *mère manquante* qui ne serait en rien comblée par cet enfant, lui-même identifié à son phallus. En ce sens, si l'enfant s'avère confronté à une inévitable stase du désir vis-à-

3. La problématique de la structuration perverse ne sera ici que succinctement évoquée. Elle a été systématiquement développée dans mon ouvrage *Structure et perversions, op. cit.*, auquel je renvoie.

vis de la fonction phallique – être ou ne pas être le phallus de l'Autre ? – il n'en est pas moins sollicité vers une reconnaissance du réel de la différence des sexes désormais sous-tendue par le *manque* du désir qui préfigure, pour lui, l'*assomption de la castration.*

Aussi bien, le discours de la mère qui laisse en suspens le questionnement de l'enfant sur l'objet du désir maternel l'incite-t-il à conduire son interrogation au-delà du lieu où son identification phallique connaît un point d'arrêt, c'est-à-dire vers l'instance paternelle dont la mère se signale alors dépendante. Cet appel d'offre ouvert au bénéfice d'un investissement symbolique du père peut cependant donner lieu à un avatar de l'enjeu phallique qui s'enkyste dans ce que Lacan désigne « le point d'ancrage des perversions ».

De fait, pour peu que cette promotion psychique dans l'investissement de la figure du père, rencontre alors quelque substrat favorable à nourrir l'équivoque à travers les signifiants maternels et paternels, il n'en faut pas davantage pour qu'un tel point d'ancrage trouve l'assise qui lui convient dans une *identification perverse*, laquelle pérennise, sur le mode d'une fixation particulière, l'identification phallique primordiale de l'enfant.

Ainsi « capturé » à la frontière de la dialectique de l'être et de l'avoir, l'enfant s'enferme alors dans la représentation d'un *manque non symbolisable* qui traduit le *désaveu* permanent qu'il va désormais entretenir à l'endroit de la castration de la mère. Puisque le père ne peut pas être dessaisi de son investiture de rival phallique, hors l'intercession du signifiant du manque dans l'Autre, le passage du registre de l'*être* à celui de l'*avoir* ne s'effectuera, en la circonstance, que dans un espace psychique marginal. Ainsi, l'attribution phallique du père qui lui confère l'autorité de *Père symbolique* (représentant de la Loi), ne sera ici jamais reconnue que pour mieux être inlassablement contestée. D'où l'exercice immaîtrisable de deux stéréotypes structuraux régulièrement à l'œuvre dans les perversions : le *défi* et la *transgression.*

Il va sans dire que l'ambiguïté inductrice des structurations perverses n'est susceptible de vectoriser la fonction paternelle sur ce versant marginal qu'en se soutenant de plusieurs facteurs favorisants. À ce titre, pour n'en faire ici qu'un rappel lapidaire, mentionnons l'*appel séducteur* et *la complicité libidinale de la mère* associés à la *complaisance silencieuse du père*[4].

Fonction paternelle et structure obsessionnelle

L'expérience clinique tend à corroborer cette observation courante selon laquelle le sujet obsessionnel se serait trop senti aimé par sa mère. D'aucuns n'hésitent d'ailleurs pas à exploiter cette particularité phénoménologique tel un élément de diagnostic différentiel par rapport à l'hystérie où il est d'usage d'entériner une plainte circonstanciellement inversée. Mais, pour autant que l'hystérique se complaise le plus souvent dans une revendication réparatrice à l'endroit de l'amour maternel présumé défaillant, cette opposition n'en reste pas moins sujette à caution. Toutefois, cet aperçu phénoménologique constitue un élément précieux pour aborder les incidences déterminantes de la structure obsessionnelle.

Un avatar de la fonction paternelle se pressent inéluctablement derrière les lamentations passives que l'obsessionnel déploie, sans compter, à l'endroit de l'envahissement de l'amour de la mère. En gémissant sur son statut d'objet *privilégié* du désir maternel, l'obsessionnel témoigne, à son insu, de l'investissement phallique prépondérant qui est opéré sur lui. Autant convient-il d'épingler les sujets hystériques comme des *militants de l'avoir*, autant l'obsessionnel se signale comme un *nostalgique de l'être* qui commémore inlassablement les vestiges d'un mode particulier de relation que sa mère a entretenue avec lui. Il n'est pas de roman familial obsessionnel où l'intéressé ne s'accable de ce privilège d'avoir été pressenti comme l'enfant préféré de sa mère. Dans les enjeux du désir mobilisés par la logique phallique, ce « privilège » ne manque pas d'éveiller chez l'enfant un investissement libidinal précoce. Aussi bien s'enferme-t-il volontiers dans une croyance psychique qui le consigne à une place d'objet auprès duquel

4. Voir J. Dor, *Structure et perversions*, *op. cit.*, chapitre 11, pp. 155-158.

la mère serait susceptible de trouver ce qu'elle est supposée attendre du père.

Nous identifions là, mise en cause, cette articulation décisive du passage de l'*être* à l'*avoir* où la mère doit se signifier dépendante du père comme celui qui lui « fait la loi » (Lacan) du point de vue de son désir. Seule la signification de cette « dépendance » mobilise l'enfant dans la dimension de l'avoir. Par voie de conséquence toute ambiguïté du discours maternel peut favoriser l'installation imaginaire de l'enfant dans un dispositif de *suppléance* à la satisfaction du désir de la mère.

La logique de l'organisation obsessionnelle prend appui sur ce dispositif de suppléance. Une précision s'impose. Il ne s'agit pas, en l'espèce, d'une *suppléance à l'objet du désir de la mère.* Auquel cas nous serions en présence de déterminations propices à l'organisation de structures perverses, voire psychotiques. Dans le cas présent, l'enfant n'est appelé imaginairement à *suppléer à la satisfaction* du désir maternel que dans la mesure où cette satisfaction lui est signifiée *défaillante* par la mère, laquelle à son insu solde ainsi son adhésion équivoque à la fonction paternelle. Si l'enfant perçoit bien la dépendance désirante de la mère vis-à-vis du père, il n'en retient pas moins le message d'une insatisfaction maternelle à propos de ce qu'elle est supposée attendre de lui. Il s'agit donc d'une vacance partielle de la satisfaction du désir maternel qui appelle, chez l'enfant, le besoin d'y suppléer.

Autant le *désir de la mère* fait référence à l'investiture du Père symbolique en convoquant l'enfant à assumer la castration qui en résulte, autant la satisfaction défaillante de ce désir maternel constitue-t-elle un appel d'offre régressif au maintien de l'identification phallique de l'enfant. D'où la « nostalgie » d'un retour à l'*être* vivement convoité mais jamais pleinement accompli.

C'est par cette inscription singulière au regard de la fonction paternelle que l'enfant négocie sa transaction psychique entre l'être et l'avoir. Ainsi en résulte-t-il une problématique spécifique de l'obsessionnel vis-à-vis de son accès à l'univers du désir et de la Loi, dont les vestiges les plus remarquables ne cessent de s'exercer sur le mode de la *jouissance passive* et dans la *révolte compétitive* à l'endroit de toute figure d'autorité réactivant l'imago paternelle.

Là où logiquement l'enfant devrait être confronté à l'insatisfaction, le futur obsessionnel est, en revanche, captif de la satisfaction dans la relation de suppléance qu'il entretient vis-à-vis de l'investissement désirant maternel. Alors qu'ordinairement, le désir se sépare du besoin pour entrer dans le processus de la demande, dans le cas présent, au lieu de se heurter au manque et de se couler dans l'attente de la demande, le désir est court-circuité par la mère insatisfaite qui y trouve un objet de suppléance.

Cette prise en charge prématurée permet de comprendre le caractère particulier du désir de l'obsessionnel qui porte toujours l'*estampille exigeante et impérative du besoin.* Il en résulte une *infirmité du côté de la demande* qui l'inscrit dans cette passivité masochiste lui imposant d'avoir à faire deviner et articuler par l'autre ce qu'il ne parvient pas lui-même à demander. Plus généralement cette infirmité structurale se traduit par la *servitude volontaire* de l'obsessionnel qui le contraint à *devoir* assumer toutes les conséquences de son attitude passive. Aussi bien se complaît-il, ainsi, à occuper volontiers la place d'objet de la jouissance de l'autre qui le renvoie au statut phallique infantile où il s'est trouvé précocement enfermé comme enfant privilégié de la mère. De la même manière, la *plainte répétitive* dont il tire bénéfice sur ce fond de sadisation, lui permet, en retour, d'assumer pleinement sa propre jouissance.

La *culpabilité,* devient alors l'expression la plus directe de ce privilège quasi-incestueux de l'enfant au regard de la castration. Fixé érotiquement à la mère, l'obsessionnel reste continuellement saisi par la crainte de la castration qu'il négociera symptomatiquement sur le terrain de la *perte.*

Autant l'obsessionnel présente une pente favorable à se constituer comme *tout pour l'autre,* autant doit-il despotiquement *tout contrôler et maîtriser* pour que l'autre ne lui échappe d'aucune façon. Une pareille ambivalence nourrie à l'endroit du statut phallique et de la perte inhérente à la castration, induit chez l'obsessionnel, une *problématique spéci-*

fique à l'endroit du père et, au-delà, vis-à-vis de toute figure renvoyant métonymiquement à l'autorité paternelle.

C'est parce qu'elle est omniprésente, que l'imago paternelle nourrit autant qu'elle entretient la dimension de la *rivalité* et de la *compétition* chez de tels sujets. L'obsessionnel n'a de cesse de déployer une activité continuelle pour se substituer au père – et à ses représentants – et occuper sa place auprès de la mère. Les vœux de mort inconscients les plus archaïques resurgissent ainsi constamment à l'encontre de toute figure paternelle dont il convient de *prendre la place*. Ce souci « d'avoir la place » de l'autre, ouvre la voie à toutes les luttes de prestige, à tous les combats grandioses et douloureux dans lesquels, paradoxalement, l'obsessionnel ne perd pas une occasion de se confronter à la castration.

À l'envers de l'hystérique, autant le *Maître* est insupportable à l'obsessionnel parce qu'il est supposé détenir ce qu'il convoite, autant le Maître doit lui apparaître comme tel et le rester. Si l'obsessionnel a besoin d'un Maître, il ne faut pas perdre de vue que toutes les stratégies de rivalité et de compétition destinées à le défier n'adviennent jamais que pour mieux s'assurer que la place est imprenable. De fait, c'est bien parce que le père est à sa place que sa mise à l'épreuve réitérée a pour objectif de se réassurer de l'existence salvatrice de la castration, tempérant ainsi l'érotisation incestueuse avec la mère dans laquelle l'obsessionnel est enfermé inconsciemment.

Tel un héros, l'obsessionnel souffre de ce tiraillement épique entre la Loi du père à laquelle il faut tout sacrifier, et cette même Loi qu'il faut, par ailleurs, déjouer et maîtriser pour son propre compte. Cette lutte imperturbable se déplace sur de multiples objets d'investissements, contribuant ainsi à définir ce profil spécifique de la personnalité obsessionnelle que Freud définissait sous l'appellation de « caractère anal »[5].

5. S. Freud, « Charakter und analerotik » (1908), G.W. VII, 203-209, S.E. IX, 167-175. Traduction D. Berger, P. Bruno, G. Guérineau, F. Oppenot, « Caractère et érotisme anal », in *Névrose, psychose et perversion*, Paris, PUF, 1973, pp. 143-149.

Fonction paternelle et structure hystérique

Une fois encore, c'est autour du mode de prise en charge psychique du passage de l'*être* à l'*avoir*, que nous pouvons repérer les points de cristallisation déterminants de l'organisation hystérique au regard de la fonction paternelle. Dans le cas présent, il convient d'insister, avant tout, sur le renversement dialectique de l'être à l'avoir, à propos duquel Lacan apporte l'éclaircissement suivant :

> Pour l'avoir (le phallus), il faut d'abord qu'il ait été posé qu'on ne peut pas l'avoir, que cette possibilité d'être castré est essentielle dans l'assomption du fait d'avoir le phallus. C'est là ce pas qui est à franchir ; c'est là que doit intervenir à quelque moment, efficacement, réellement, effectivement le père.[6]

L'enjeu hystérique représente, par excellence, la question de ce « pas à franchir ». L'assomption de la conquête du phallus n'est fondamentale que dans la mesure où c'est à travers elle que l'enfant se soustrait à la rivalité phallique dans laquelle il s'était installé aussi imaginairement qu'il y avait convoqué le père. À certains égards, cette assomption phallique atteste donc de ce moment décisif désigné par Freud comme « déclin du complexe d'Œdipe »[7].

La logique du désir hystérique s'amorce ainsi dans l'investissement psychique de l'attribution phallique du père. Si le père doit « faire la preuve » (Lacan) de cette attribution, nous allons voir que toute l'économie désirante hystérique n'aura de cesse de s'épuiser dans la *mise à l'épreuve* de ce « faire la preuve ».

> C'est pour autant qu'il (le père) intervient comme celui qui a le phallus, et non pas qu'il l'est, que peut se produire ce quelque chose qui réinstaure l'instance du phallus comme objet désiré par la mère et plus seulement comme objet dont le père peut la priver.[8]

L'hystérique va ainsi interroger et contester sans relâche l'attribution phallique, dans une oscillation psychique

---

6. J. Lacan, *Les formations de l'inconscient, op. cit.*, séminaire du 22 janvier 1958.
7. S. Freud, « Der Untergang des Odipuskomplexes » (1923), G.W. XIII, 395-405, S.E. XIX, 171-179. Traduction D. Berger, J. Laplanche, « La disparition du complexe d'Œdipe », in *La vie sexuelle*, Paris, PUF, 1969, pp. 116-122.
8. J. Lacan, *Les formations de l'inconscient, op. cit.*, séminaire du 22 janvier 1958.

constante autour de ce « quelque chose » souligné par Lacan. Nous pouvons traduire cette position psychique telle une indétermination qui se jouerait entre les deux options suivantes : d'une part, le père a le phallus de droit, ce qui explique que la mère puisse le désirer auprès de lui ; d'autre part, le père n'a le phallus que dans la mesure où il en a privé la mère. Bien évidemment, c'est surtout sur le second versant de cette oscillation, que l'hystérique va entretenir cette mise à l'épreuve de l'attribution phallique.

Accepter que le père apparaisse comme le seul *dépositaire légal* du phallus, c'est engager son désir auprès de lui sur le mode de *ne l'avoir pas.* En revanche, contester le phallus paternel en tant qu'il ne l'a jamais que d'en avoir dessaisi la mère, c'est promouvoir une revendication permanente concernant le fait que la mère pourrait l'avoir aussi de droit.

En ce sens, toute ambivalence entretenue par la mère et le père sur l'inscription exacte de l'attribution phallique peut, à ce moment-là, concourir favorablement à l'organisation d'une structure hystérique.

En effet, les traits structuraux les plus remarquables de l'hystérie s'enracinent sur ce terrain de la *revendication de l'avoir.* Selon que l'hystérique est femme ou homme, cette revendication empruntera des contours phénoménologiques différents. Toutefois, la requête ne s'en développera pas moins dans une dynamique identique ; conquérir l'attribut dont le sujet s'estime injustement dépourvu. Qu'il s'agisse aussi bien pour la femme hystérique de « faire l'homme » (Lacan) ou, au contraire, pour l'homme, de se tourmenter à faire la preuve de sa virilité, la chose ne change en rien. D'un côté comme de l'autre, subsiste une adhésion fantasmatique identique à l'objet phallique et à sa possession supposée, traduisant, par là-même, l'aveu que le sujet ne saurait l'avoir. D'où l'existence d'un trait inaugural qui sature toute l'économie psychique de la structure de l'hystérique : son *aliénation subjective au désir de l'Autre.*

C'est bien parce que l'hystérique se sent injustement privé de l'objet du désir œdipien – le phallus – que la dynamique du désir va essentiellement retentir au niveau de l'avoir. En effet, l'hystérique n'a pas d'autre issue que de déléguer la question de son propre désir auprès de l'Autre qui est supposé l'avoir, lequel, par voie de conséquence est donc toujours pressenti détenir la réponse à l'énigme du désir.

Une pareille stratégie sert de support privilégié à l'*identification hystérique* que nous observons de façon omniprésente aussi bien chez les femmes que chez les hommes.

Par exemple, une femme hystérique s'identifiera volontiers à une autre femme, pour peu que cette dernière sache se présenter comme n'ayant pas le phallus, mais pouvant néanmoins le désirer auprès d'un autre. Auquel cas une telle femme apparaît comme ayant su résoudre l'énigme du désir : comment désirer lorsqu'on est privé de ce à quoi on serait supposé avoir droit ? D'où l'identification subséquente de l'hystérique à une pareille femme désirante.

L'identification hystérique peut tout aussi bien se constituer d'emblée sur le modèle de celle qui, ne l'ayant pas, le revendique comme pouvant malgré tout l'avoir. Il s'agit là d'un processus identificatoire que j'appellerai volontiers : *identification militante* ou encore *identification de solidarité* ; lequel témoigne, une fois encore, de l'aveuglement symptomatique qui consiste à occulter qu'on ne peut désirer le phallus qu'à la seule condition d'avoir préalablement accepté de ne l'avoir pas. Dans tous les cas, ces processus identificatoires témoignent de l'aliénation subjective de l'hystérique dans son rapport au désir de l'Autre.

Il n'en faut pas davantage pour comprendre cette disposition quasi-fatale de l'hystérique à asservir son propre désir à ce qu'il imagine ou pressent être le désir de l'Autre, et à s'employer à y répondre par avance. Outre que cet excès de délégation imaginaire se prête favorablement à toutes les entreprises de suggestions, nous repérons plus généralement, dans cette dynamique d'assujettissement, l'élection privilégiée de la place du Maître, dont l'hystérique ne saurait se départir pour nourrir son aptitude à la méconnaissance de la question de son désir et à l'insatisfaction qui en résulte. En l'espèce, il n'est pas nécessairement indispensable que l'élu présente quelques dispositions avérées à l'exercice de la maîtrise. Mais il importe avant tout, que l'hystérique l'intronise, malgré lui, à une telle place, dans son économie psychique.

L'intérêt de cet investissement fantasmatique n'excédant jamais la stratégie inconsciente qui la mine : mettre à l'épreuve inexorablement l'attribution phallique ainsi supposé au Maître, pour mieux l'en destituer.

La ferveur des hystériques à pratiquer la mascarade du donné à voir, le faire valoir de l'autre identifié à un objet à faire reluire, voire encore les croisades masochistes qui sanctifient l'abnégation sacrificielle consentie au désir de l'Autre, pérennise leur point d'ancrage structuralement symptomatique à l'endroit de la fonction paternelle.

*

* *

Pour autant que ces diverses occurrences déterminantes dans l'organisation psychique des sujets restent toutes, peu ou prou, dépendantes du sort qui est fait à l'attribution phallique du Père symbolique, ceci n'a jamais impliqué qu'il *ait* réellement le phallus, et, *a fortiori*, qu'un père doive s'efforcer de démontrer à l'enfant qu'il le détient vraiment. Contradictoirement, toute manœuvre paternelle qui se développe en ce sens devient alarmante, puisqu'elle conduit l'enfant à manquer le repère essentiel autour duquel intervient le phallus pour lui.

De fait, ce repère lui permet, avant tout, de recentrer la place exacte du désir de la mère. Il faut donc que ce phallus, ce soit l'enfant lui-même qui le suppose au père, à partir de ce qu'il pressent du désir de l'Autre (la mère). Toute démonstration du père qui tendrait à administrer à l'enfant, la preuve qu'il l'a bien dans la réalité, est nécessairement vouée à l'échec. D'une part, parce qu'une telle preuve restera à tout jamais imaginaire. D'autre part, parce qu'elle invalide les vertus structurantes du repérage du désir de la mère pour l'enfant.

De surcroît, tenter de faire la preuve qu'on a bien le phallus dans la réalité, c'est au contraire, démontrer qu'on ne l'a pas, du moins qu'on n'est pas assuré de l'avoir. Il ne peut en être autrement, en raison du caractère intrinsèquement imaginaire de l'objet phallique. Par ailleurs, une telle démonstration concourt inévitablement à entretenir l'enfant dans l'idée qu'il *n'y a pas de manque.* À son insu, le père assigne alors l'enfant à une place où, ultérieurement, il ne pourra qu'être soumis à *l'imaginaire de la toute-puissance phallique.*

Enfin, un père qui s'engouffre dans une telle problématique de preuve à l'endroit de son enfant lui confirme, sans le savoir, qu'il en est victime au même titre. Imaginant qu'il faut l'avoir vraiment et récusant la castration, il lui signifie par là, qu'il conteste la dimension du manque pour son propre compte.

*

* *

Illustrons l'un de ces avatars par une vignette clinique où nous verrons comment certaines ambiguïtés induites quant au repérage du phallus, sont susceptibles de cristalliser l'ordonnance de l'économie psychique sur la voie d'une organisation hystérique.

Au cours d'une séance, un jeune patient me racontait cette petite histoire de son enfance[9].

Lorsqu'il avait cinq ou six ans, son père avait pour habitude de l'inviter à partager un rituel apparemment bien innocent. Chaque fois qu'il prenait un bain, il demandait à son enfant de l'assister dans cette opération qui empruntait, invariablement, le tour d'ablutions pédagogiques. Du fond de sa baignoire, le père enseignait doctement à son fils les choses de la vie, avec force érudition.

Malgré les magistraux efforts éducatifs de son père, l'enfant, complètement subjugué à la vue du pénis de celui-ci, restait assez sourd aux assauts d'éloquence avec lesquels lui était dispensé le précieux savoir. Au cours de ces séances d'éveil à la sapience paternelle, il demeurait, chaque fois très angoissé par la taille de ce sexe qui, non seulement semblait à ses yeux d'enfant, fort impressionnante, mais encore le trans-

---

9. L'histoire que je restitue ici, avec le consentement de l'intéressé, est volontairement amputée de références anamnestiques plus précises.

portait *ipso facto* dans des ruminations muettes ou inquiètes quant à l'avenir de son propre pénis.

Au bout d'un certain temps, invariablement irrité par l'inattention de son jeune auditeur, le père mettait un terme à ses ablutions pédagogiques en contant sempiternellement à son fils la même histoire de fée.

Une fée apparaît à un petit garçon pendant qu'il est à l'école. Elle lui demande secrètement de faire un vœu et lui promet qu'il sera réalisé dès qu'il sera rentré chez lui. Puis la fée s'esquive. À la fin du conte, le père s'adresse alors à son fils – par delà ses longs bavardages savants, ce moment était probablement le seul où il lui parlait authentiquement – et lui demande : « Si tu étais le petit garçon de l'histoire, quel vœu aurais-tu formulé ? »

D'ordinaire, dans son for intérieur, parce qu'il était tout à fait fasciné par la taille du pénis paternel, l'enfant souhaitait, à l'évidence devenir propriétaire, lui-même, d'un objet aussi avidement convoité. Mais ne pouvant s'en expliquer, il restait, en général, quelques instants muet puis, chassant violemment de sa pensée son vœu le plus pieux, il se laissait aller à dire qu'il aimerait posséder un grand sac de friandises ou un gros tas d'argent. Consterné par l'absence d'originalité de son fils, le père s'extrayait alors de son bain et drapait sa dignité offusquée dans son peignoir, laissant son fils en plan dans la ruelle de sa baignoire. Un jour, excédé par la vacuité intellectuelle de son enfant, le père, tel Archimède saisi d'une lueur de perspicacité ingénieuse au fond de sa baignoire, se commet dans une variation libre, à propos de son histoire de fée.

La fée vient toujours visiter le petit garçon à l'école, mais, ce matin-là, celui-ci est très embarrassé pour choisir son vœu. La fée insiste. À cours d'argument, le petit garçon fomente secrètement ce souhait singulier : « Vivement que je sois à la maison pour avoir ce que j'ai souhaité dès que je l'aurai choisi ». Alors, séance tenante, le petit garçon se retrouve chez lui, la fée ayant exhaussé le désir qu'il avait d'y être sur le champ. Il se trouve bien marri de n'y rien découvrir puisqu'il n'avait pas su choisir.

Devant la stupéfaction de son fils, le père, intarissable, ne peut s'empêcher, pour parfaire sa bonne éducation, de lui enseigner la morale de cette histoire : « Mon fils, lui dit-il, quand on désire trop de choses à la fois, on n'a rien du tout ».

L'indigence de cette conclusion fut salutaire pour l'enfant. Son père s'abstint désormais de l'indisposer par les vertus de son enseignement aquatique. Toutefois, ce salut ne fut que provisoire. L'historiette innocente s'était en effet inscrite sur le terrain d'un vécu œdipien déjà largement miné par d'autres exploits « pédago-logiques » paternels de la même veine, lesquels contribuèrent sans nul doute à induire et nourrir ultérieurement une solide hystérie masculine chez le fils.

Ce jeune homme était venu me consulter pour un problème d'éjaculation précoce aussi grave qu'invalidant. C'est à propos de l'analyse de ce symptôme que cette évocation infantile revint au cours d'une association.

En raison de la conjoncture œdipienne où cet événement infantile se déployait, le conte ne pouvait prendre, *par déplacement*, qu'un certain mode de signification métaphorique. Complètement identifié au petit garçon visité par la fée, cet enfant se trouvait capturé dans une impasse psychique inévitable.

Aussi tenté fût-il de faire le vœu d'avoir un pénis comme son père, il lui était par ailleurs impossible d'y souscrire en raison de la *Loi*. Avoir le pénis paternel devenait équivalent à supprimer ce père pour prendre sa place auprès de la mère. On comprend pourquoi l'enfant chassait cette mauvaise pensée culpabilisante avec la plus grande énergie, au bénéfice du souhait d'un sac de friandises ou d'un tas d'argent rassurants. Mais nulle fortune ou friandise ne pouvait présenter le même attrait qu'un pénis comme celui du père. D'où ses atermoiements mutiques pour arrêter le choix de ses vœux.

En ce sens, le père était orfèvre en la matière, puisque c'est le mutisme prolongé de son fils qui lui a suggéré inconsciemment de modifier le cours de l'histoire. En sorte qu'il ne pouvait arriver à l'enfant, silencieux comme le petit garçon de l'histoire, que ce qui est advenu au jeune personnage visité par la fée : à trop désirer l'objet convoité, il ne l'a pas eu. De fait, il n'a pas eu ce qu'il croyait que son père possédait et par quoi il était susceptible de s'octroyer les privautés de la mère : le phallus. Mais il ne l'a pas eu dans la stricte mesure où son père s'employait à lui démontrer qu'il le détenait vraiment, dans la réalité, en exhibant son grand pénis perversement voilé par la mascarade de l'histoire de fée.

Comme toute morale véhicule un fond de vérité, preuve en fut de l'exhibition du grand pénis : de l'avoir trop désiré, le petit garçon ne l'obtiendrait jamais. Et de fait, devenu adulte, cet homme se comportait auprès des femmes comme celui qui ne l'avait pas. Il restait ainsi prisonnier du fantasme où son père l'avait enfermé : il faut l'avoir pour s'assurer la possession d'une femme. Ce qui laissait imaginairement supposer qu'une femme ne pouvait jouir qu'en succombant à la toute-puissance phallique d'un homme. Aussi bien, capturé dans le fantasme de ne pas l'avoir, cet homme répondait avec conviction au désir d'une femme sur le mode : « Je n'ai pas le pénis », voire encore « je ne l'ai que partiellement », comme en témoignait son éjaculation précoce.

Cette analyse impose que nous nous interrogions, de surcroît, sur l'attitude paternelle vis-à-vis de l'enfant. Quelle était la jouissance du père au cours de ses ablutions pédagogiques ? Le moins que nous puissions en comprendre est qu'il jouissait de la question inconsciente de son fils à l'endroit du phallus, en cherchant à lui prouver régulièrement qu'il avait bien, *dans la réalité*, ce dont il n'était pas assuré lui-même d'être investi. Ce père, manifestement captif, pour son propre compte, d'une oscillation entre l'être et l'avoir, poursuivait inconsciemment sa quête personnelle de repérage du phallus dans un parcours d'évitement imaginaire de la castration. Cherchant à se réassurer quant à la possession de l'objet qui comble le manque, il n'y parvenait jamais qu'en se leurrant sur le signifiant phallique, c'est-à-dire en exhibant l'organe.

On voit comment la nature de cette *confusion organe/phallus* exprime au plus près la position subjective d'un père confronté à un manque dont il ne veut rien savoir, dès lors qu'il est interpellé par le désir d'un femme. En raison de cette menace, il lui devint impossible de permettre à son fils d'accomplir le périple qui pouvait l'amener progressivement à lui supposer l'existence de ce phallus et à renoncer ainsi à la conviction imaginaire qui le portait à rester identifié au phallus de la mère. En bref, trop identifié lui-même au phallus de l'Autre, ce père restait prisonnier d'une logique psychique qui obturait l'aptitude qu'il avait à se laisser supposer détenteur d'un phallus par l'enfant. Il écrasait donc, par avance, le cheminement nécessaire à cette supposition. En mettant l'organe au-devant de la scène, il préservait inconsciemment la possibilité de se maintenir en position d'être le phallus de l'Autre, évitant ainsi d'avoir à assumer la castration. En revanche, il subjuguait son fils sur le terrain de l'enjeu phallique qui s'ordonne, comme nous le savons, autour de la problématique du pénis dans les théories sexuelles infantiles.

En conclusion, l'enfant devenu adulte, est resté victime de l'imaginaire œdipien que le père s'efforçait de pérenniser pour lui-même à travers l'incarnation de l'organe.

*

* *

Gardons-nous, cependant, de souscrire aux repères de cette logique phallique comme à des indices sémiologiques stables, susceptibles d'étayer avec certitude quelque évaluation diagnostique.

L'inscription de tout un chacun dans la fonction phallique, constitue un événement suffisamment singulier dans la structuration psychique, pour que cette référence à la fonction paternelle ne fasse pas l'objet d'interférences multiples, souvent immédiatement impossibles à circonscrire dans le cadre d'une anticipation clinique univoque.

Preuve en serait de l'interaction quelquefois très spectaculaire de manifestations symptomatiques ambiguës dans la dynamique psychique de certains sujets, dont il est pourtant possible de cerner la causalité structurelle qui les situe au regard de la fonction du père.

J'en donnerai pour exemple la mise en acte de manifestations perverses dans un cas d'hystérie masculine[10].

---

10. Cette observation a déjà été publiée dans *Perspectives psychiatriques*, 1989, n° 16/1, pp. 19-24.

*
* *

L'économie désirante de l'hystérique est frappée d'une ambivalence fondamentale dont nous pouvons spécifier les deux versants antagonistes par l'alternative suivante : exister pour soi ou paraître sous le regard de l'autre. Tout aussi bien pourrions-nous dire : désirer pour soi-même ou désirer malgré soi, c'est-à-dire au regard de ce que l'autre est supposé attendre dans son désir[11].

Il n'est donc pas étonnant de retrouver les vestiges de cette ambivalence au cœur même de la problématique sexuelle de l'homme hystérique. Toutefois, au-delà de cette ambivalence, la question du rapport à l'autre féminin est, par avance, aliénée dans un certain type de représentation de la femme comme *femme idéalisée inaccessible*, qui n'est pas sans rappeler l'investissement de l'idéal féminin tel qu'on le voit à l'œuvre chez les pervers. Cependant, il ne s'agit pas pour autant de la femme érigée en vierge intouchable et pure de tout désir, telle que le pervers en cultive le fantasme[12].

De fait, chez l'homme hystérique, la femme n'est le plus souvent inaccessible que dans la mesure où il entretient un certain type de conduite d'évitement à l'endroit d'une confrontation directe et personnelle sur le terrain sexuel avec elle. Pour l'essentiel, ce mode d'évitement est prédéterminé chez l'hystérique par le rapport ambivalent[13] qui est le sien vis-à-vis de la fonction phallique[14]. Si la femme est, par excellence, ce qui lui permet de se repérer au regard de la possession de l'objet phallique, l'hystérique n'en demeure pas moins captif d'un mode d'attribution phallique négativé par le fantasme crucifiant de « ne l'avoir pas ».

---

11. Voir L. Israël, *L'hystérique, le sexe et le médecin*, Paris, Masson, 1976.
12. Voir J. Dor, *Structure et perversions, op. cit.*, pp. 153 sq.
13. Voir S. Freud, « Hysterische phantasien und ihre Beziehung zur Bisexualität » (1908), G.W. VII, 191-199, S.E. IX, 155-166. Traduction J. Laplanche, « Les fantasmes hystériques et leur relation à la bisexualité », in *Névrose, psychose et perversion, op. cit.*, pp. 149-155.
14. Concernant la « fonction phallique », voir J. Dor, *Introduction à la lecture de Lacan*, tome I, *op. cit.*, chapitres 11 et 12, pp. 97 sq.

Cette désinvestiture imaginaire de l'attribut phallique permet non seulement de comprendre la confusion symptomatologique pénis/phallus qui hante son rapport désirant à la femme sur le mode caractéristique de *l'impuissance ou/et de l'éjaculation précoce*, mais encore de l'institution accessoire de *manifestations perverses* qui peuvent, au premier abord, donner le change, d'un point de vue diagnostique, avec d'authentiques cas de perversions.

Chez l'homme hystérique, le rapport désirant à la femme est miné par une élaboration inconsciente qui a pour conséquence d'entretenir une confusion complète entre le *désir* et la *virilité.* Cette confusion prend son origine dans une interprétation particulière que l'hystérique mobilise à l'endroit de la *demande* de toute femme. Celle-ci n'est, en effet, jamais perçue comme une sollicitation désirante qui s'adresserait légitimement à un autre désir. En revanche, elle est toujours entendue par l'hystérique comme une injonction d'avoir à faire la preuve de sa virilité. Il ne saurait donc être désiré par une femme que dans la seule mesure où elle est supposée attendre de lui la démonstration qu'il est viril. En d'autres termes, tout se passe alors comme si la relation désirante se fondait, chez l'hystérique, sur la nécessité de devoir *justifier* qu'il a bien ce que lui demande la femme, c'est-à-dire le phallus. Nourrissant la conviction imaginaire de n'en être pas dépositaire, il ne peut lui répondre que sur le mode : « Je n'ai pas le pénis ».

Sans entrer dans le détail de la dialectique pénis/phallus chez l'homme hystérique[15], c'est donc à l'enseigne de cette confusion sur la nature de l'objet que vient se loger l'*impuissance*, c'est-à-dire l'ultime moyen de différer toute rencontre sexuelle avec une femme.

Pour autant que l'*éjaculation précoce* relève d'un processus un peu différent de l'impuissance, ce symptôme s'inscrit dans l'hystérie masculine sur le fond d'une même confusion. Si, dans le cas présent, l'acte sexuel s'avère possible avec une

---

15. Voir L. Israël, *L'hystérique, le sexe et le médecin, op. cit.*, p. 63 et pp. 119-128 ; F. Perrier, « Structure hystérique et dialogue analytique », in *La Chaussée d'Antin*, tome II, Paris, 10/18, 1978, pp. 74-78.

femme, il n'en comporte pas moins un risque : ne pas parvenir à lui démontrer qu'on a bien le phallus en assumant cet acte jusqu'à son terme. Or, dans cette perspective, ce terme s'inscrit, là encore, tel une injonction fantasmatique, stipulant qu'une femme ne peut jouir que si l'homme sait faire la preuve de sa *maîtrise phallique*. On comprend qu'une pareille performance imaginaire soit particulièrement anxiogène, en sorte que c'est l'angoisse elle-même qui va précipiter et court-circuiter tout le processus sexuel.

Dans de telles conditions, l'objectif attendu, c'est-à-dire la jouissance féminine, ne peut être que menaçant. Seul celui qui dispose de la maîtrise absolue du phallus est capable de l'assumer, c'est-à-dire susceptible de la dominer. Autre manière de dire que la jouissance de la femme est toujours perçue comme une défaite devant le pouvoir phallique victorieux. Ne disposant pas de l'attribut qui pourrait lui permettre de remporter cette victoire, l'hystérique n'a donc pas d'autre solution que d'être lui-même assujetti au pouvoir de celui qui l'a. Aussi s'enferme-t-il volontiers dans la situation de celui qui va capituler devant un tel pouvoir. Pour ce faire, l'hystérique masculin s'*identifie inconsciemment à la partenaire féminine*, en sorte que son éjaculation précoce devient le témoignage le plus immédiat de sa capitulation. Il jouit alors tel qu'il imagine qu'une femme jouit en succombant elle-même au pouvoir phallique.

La conjonction de ces deux types de défaillances symptomatologiques induites par la confusion entre le désir et la virilité, constitue fréquemment chez l'hystérique un véritable appel vers l'actualisation perverse des composantes sexuelles. Cette voie offerte à certaines figures de la perversion s'explique d'autant mieux qu'elle permet de différer la possibilité d'une rencontre sexuelle directe avec les femmes inaccessibles, tout en souscrivant à la stratégie chère aux hystériques qui consiste à maintenir un seuil constant d'insatisfaction. De surcroît, l'ambiguïté fondamentalement nourrie par l'hystérique vis-à-vis de sa propre identité sexuelle[16], impose facile-

16. Voir S. Freud, « Les fantasmes hystériques et leur relation à la bisexualité », in *Névrose, psychose et perversion, op. cit.*

ment à son désir d'emprunter des formes d'expression qui accuseront volontiers ce profil pervers.

À ce titre, les manifestations perverses se présentent comme autant de médiations favorables à cette distance d'avec les femmes, sans laquelle leur rencontre deviendrait insupportable parce que, d'avance, vouée à l'échec sexuel.

Mentionnons déjà le *passage à l'acte homosexuel* comme procédure radicale d'évitement du partenaire féminin[17]. Toutefois il s'agit bien plus, dans l'hystérie masculine, d'un *masque homosexuel* que d'une homosexualité vraie fondée sur un choix d'objet d'amour exclusivement masculin[18]. De fait, ces parodies homosexuelles sont susceptibles d'induire des compensations secondaires rassurantes puisque l'autre, pareil à soi, protège de la différence d'avec le féminin.

Fréquemment, cette médiation se soutient d'une compulsion à la masturbation soutenue par des mises en scène fantasmatiques perverses, notamment des scénarios érotiques de femmes homosexuelles.

De la même manière, l'exhibitionnisme et sa fore élective de renversement dans son contraire : le voyeurisme[19], peuvent trouver des points d'ancrage favorables dans l'hystérie masculine. Comme pour l'homosexualité, il s'agit davantage de donner libre cours à la dimension du *faire semblant*, que de s'octroyer les privautés de la jouissance d'une vraie perversion. De fait, le *faire semblant*, parce qu'il se soutient toujours du regard de l'autre, devient l'instrument approprié par lequel l'hystérique peut jouir fantasmatiquement de son jugement supposé désapprobateur ou hostile. Pour y parvenir, l'hystérique tient remarquablement son rôle en s'illusionnant lui-même dans une inflation de débordements pervers à caractère compulsif qui appellent inévitablement une inter-

---

17. Voir S. Freud, « Über infantile Sexualtheorien » (1908), G.W. VII, 171-188, S.E. IX, 205-226. Traduction D. Berger, J. Laplanche, « Les théories sexuelles infantiles », in *La vie sexuelle, op. cit.*, pp. 14-27.

18. Voir S. Freud, « Über einen besonderen Typus der Objektwahl beim Manne » (1910), G.W. VIII, 66-77, S.E. XI, 163-175. Trad. J. Laplanche, « D'un type particulier de choix d'objet chez l'homme », *ibid.*, pp. 47-55.

19. Voir S. Freud, « Triebe und Triebschicksale » (1915), G.W. X, 210-232, S.E. XIV, 109-140. Traduction J. Laplanche, J.-B. Pontalis, « Pulsions et destin des pulsions », in *Métapsychologie*, Paris, Gallimard, 1968, pp. 25 sq.

vention de l'autre. Toutefois, en se laissant prendre à cette parodie, l'autre assure alors pleinement la jouissance de l'hystérique qui voit dans cette intervention, la preuve même que sa propre mise en scène mensongère a bien fonctionné. En ce sens, toute dénonciation, tout scandale, arrestation et autre inculpation seront d'autant bienvenus qu'ils apporteront le surcroît de jouissance appelé par l'inextinguible recherche de limites que l'hystérique met à l'épreuve dans son rapport problématique à la castration. Cependant, si le défi et la transgression trouvent matière privilégiée à s'exercer sur ce terrain-là, ils n'en restent pas moins infirmes de ce qui en constitue le ressort et la consistance chez les pervers authentiques[20]. Preuve en serait, en l'espèce, comme dans d'autres chapitres de l'hystérie, que les meilleures intrigues – fussent-elles perverses – ne sauraient résister à l'indifférence de l'autre, pour peu que celui-ci s'emploie à se départir du rôle de complice imaginaire où l'hystérique s'efforce de l'installer.

Le fragment clinique qui va suivre[21] me paraît illustrer d'une manière assez exemplaire, les différents aspects de cette dialectique symptomatique qui peut conduire l'hystérique masculin à des actualisations perverses dans son rapport aux femmes.

Abordons d'emblée, le rappel des prémisses étiopathogéniques qui semblent avoir contribué à l'ancrage décisif d'une organisation hystérique chez un jeune homme maghrébin ; laquelle ne cessera d'être largement confortée par le contexte de l'environnement familial.

Au titre de ces prémisses, j'évoquerai un premier événement ayant eu lieu en Afrique du Nord alors que le patient était âgé de huit ans environ.

Il se rend au bain des femmes avec sa mère comme il lui est habituel de le faire depuis des années. Ce jour-là, on signifie à sa mère, en sa présence, qu'il est désormais trop âgé pour continuer à l'accompagner. *Sans un mot*, sa mère le congédie brutalement et lui demande de rentrer à la maison. Il se sou-

---

20. Voir J. Dor, *Structure et perversions, op. cit.*, chap. 13, pp. 173 sq.

21. Cette observation est publiée avec l'assentiment de l'intéressé. De nombreux éléments d'anamnèse ont été maintenus discrets, sans que cela ne nuise ni à la présentation clinique proprement dite, ni à sa logique interne.

vient de cet événement à la mesure de ce qui lui avait été signifié : un renvoi injustifié autant qu'inintelligible prescrit sur le mode de la punition.

Aussi bien se sentira-t-il désormais continuellement coupable en présence des femmes ; culpabilité qui ne cessera d'ailleurs de redoubler sous l'empire des événements qui suivront.

Quelques jours après cette « exclusion », son père le conduit *sans un mot*, au bain des hommes. Quel n'est pas son étonnement de découvrir son père nu parmi les autres. Il reste stupéfait devant ce spectacle aussi nouveau qu'inattendu. Mais sa sidération lui attire aussitôt une remarque cinglante de son père lui intimant l'interdiction de regarder les hommes nus avec une pareille insistance.

Il est probable que la conjonction de ces deux prohibitions, acerbes mais silencieuses, a fixé chez cet homme toute une économie désirante labile sur la pente de l'hystérie. Au reste, un grand nombre de souvenirs d'adolescence n'ont fait que le confirmer. Toutefois, c'est à l'âge de dix-huit ans, à l'occasion de ses premières expériences sexuelles, que cet homme va prendre l'exacte ampleur des perturbations symptomatiques dont il était l'objet, notamment à l'occasion d'une petite scène familiale qui semble avoir brusquement catalysé une série d'éléments complexuels latents.

Agé de dix-sept ans, au cours d'un jeu assez animé avec sa sœur (aînée de deux ans), il s'accroche à son peignoir, celui-ci se déchire et elle lui apparaît nue. Depuis l'épisode de son enfance au bain des femmes, aucune autre occasion ne lui avait été donnée d'être en présence d'une femme dévêtue. Surpris par l'incident, il reste interdit alors que sa sœur, en revanche, le congédie avec d'innocentes railleries, s'amusant beaucoup de la gêne de son frère.

À partir de ce jour, pendant plusieurs années de suite, il ne pourra plus se dévêtir devant une femme. Ce symptôme s'est organisé sur le mode typique du renversement dans son contraire[22]. La nudité de sa sœur l'a renvoyé, comme de juste, à la nudité de sa mère au bain, c'est-à-dire à cet univers de

22. Voir S. Freud, « Pulsions et destin des pulsions », in *Métapsychologie, op. cit.*

jouissance infantile qui lui était seulement apparu comme « jouissance » le jour où elle lui avait été signifiée interdite. C'est donc, dans l'après-coup, que sa fréquentation des corps féminins nus devint traumatique et coupable parce qu'elle-même interdite.

Confronté, par déplacement, au dévoilement du corps maternel interdit au regard, le processus se renverse dans son contraire, pour neutraliser la culpabilité associée à la jouissance de la perception du corps féminin. Il va donc désormais se punir, par avance, de cette jouissance et du désir qui la soutient, en ne dévoilant jamais plus son corps devant les femmes.

Ce symptôme va prendre, très rapidement, des proportions spectaculaires. Au-delà de la question des femmes proprement dite, il se sentira contraint de demeurer totalement « couvert » dès que son corps se trouvera offert au regard de l'autre, c'est-à-dire partout, excepté chez lui lorsqu'il y est seul. Ainsi, une série d'occurrences ordinaires de la vie quotidienne vont insensiblement se transformer en un long et douloureux calvaire, condamné qu'il était à demeurer emmitouflé en toute circonstance comme en toute saison.

Dans le même temps, il va développer une ambivalence accrue à l'endroit des femmes, dont la signification ne lui échappera pourtant pas. Autant dira-t-il les détester, qu'il reconnaîtra se détester lui-même de ne pouvoir entretenir de relations avec elles. Mais tout aussi bien, il ne peut souffrir le moindre regard de femme porté sur lui, persécuté par le fantasme tenaillant qu'on l'examine délibérément parce qu'on a percé la nature du symptôme qui l'invalide.

Sur un fond d'existence aussi infernale, deux événements sexuels vont précipiter sa problématique hystérique sur un terrain d'expression perverse.

À l'occasion d'un retour de vacances, il voyage dans un compartiment de train, seul avec une compatriote native de la même province que la sienne. Des échanges amicaux s'engagent, au cours desquels il se surprend à nourrir sans angoisse une conversation conviviale avec son interlocutrice. Mais, subrepticement, il est gagné par un fantasme inquiétant : à l'issue de ce dialogue, cette femme pourrait bien attendre qu'il lui propose de faire l'amour avec elle, ce qui lui paraît aussi impensable qu'impossible.

Tard dans la soirée, ladite compatriote s'avère plutôt entreprenante. Elle lui précise sans ménagement l'objet de son attente qui s'avère, dans son contenu, assez pervers. Saisi d'angoisse, il s'exécute, encore que l'expérience tourne court très rapidement. Mortifié par l'échec, il reste cependant symptomatiquement apaisé par l'idée qu'une femme ne soit pas parvenue à jouir de lui. Il ne s'attendait pas, en revanche, à ce que sa compagne de voyage, qui n'y avait pas trouvé ombrage, lui imposât d'être le témoin visuel et passif d'une expérience de plaisir qu'elle avait jugé indispensable de s'administrer avec insistance et volupté.

Après une longue insomnie, au petit matin, il quitte le compartiment avant que sa compagne ne se réveille.

Cette scène sexuelle violemment traumatique va s'imposer à lui, par la suite, sous la forme d'un fantasme obsédant parfaitement torturant. Ce n'est que bien plus tard, qu'il comprendra que la torture résidait principalement dans le fait qu'il avait été témoin d'une découverte : une femme pouvait jouir sans homme. On peut supposer que, très probablement, cette découverte refoulée a subi une élaboration secondaire à l'issue de laquelle le fantasme obsédant s'est organisé sur le mode d'un fantasme pervers, soit l'accouplement homosexuel entre la partenaire du train et une autre femme, qu'il identifiera ultérieurement sous les traits de sa sœur aînée.

Un second événement sexuel, presque contemporain du précédent, va solidairement dynamiser son organisation hystérique sur la voie de bénéfices secondaires pervers.

Un de ses amis d'enfance, qu'il n'a pas revu depuis quelques années, l'informe qu'il doit séjourner à Paris pendant quelques jours. Il lui demande, à cet effet, l'hospitalité. Bien que ses moyens d'accueil s'avèrent assez réduits, puisqu'il ne dispose que d'une chambre à la cité universitaire, il s'engage cependant à l'héberger. Quelle ne fut pas sa surprise de voir arriver son ami en compagnie d'une jeune femme ! Pris dans une perplexité angoissante entre l'initiative de les congédier immédiatement tous les deux, ou d'accepter leur présence sans mot dire, il ne parvient à se décider pour aucune de ces deux solutions. D'une part, il se sentait coupable de devoir refuser l'hospitalité à son ami, vraisemblablement en raison de la mise en jeu de toute une problématique homosexuelle inconsciente. D'autre part, la perspective qu'une femme puisse envahir le seul lieu où il se sentait protégé du regard des autres, lui devenait très vite intolérable. Il se résout pourtant à accueillir ce couple, en dépit de ces conditions de précarité matérielle.

Le soir venu, il est pris d'une crise d'angoisse en imaginant que ses hôtes vont peut-être faire l'amour pendant la nuit. Le fantasme de cet accouplement furtif le laisse éveillé jusqu'au matin. Ce qui n'arriva pas au cours de la première nuit advint pendant la seconde.

Complètement terrorisé par le fait d'être le témoin aussi proche de cette scène d'amour se déroulant dans l'obscurité, il se souviendra longtemps de la rage qui fut la sienne de ne pouvoir se résoudre à trancher ce qui lui avait été le moins insupportable en pareille circonstance : aurait-il été préférable qu'il *entende sans rien voir ?* N'aurait-il pas mieux valu, au contraire, qu'il puisse *voir sans entendre ?* Quelque temps plus tard, les vestiges de cette alternative s'actualiseront dans une série de fantasmes et de réalisations perverses.

Toutefois, l'essentiel des difficultés soulevées par l'ambiguïté de cette cohabitation ne s'était pas encore joué. Le lendemain, son ami lui signale qu'il doit effectuer un déplacement de quarante-huit heures. Il lui demande de bien vouloir continuer à héberger sa compagne pendant son absence. Cette proposition le laisse complètement muet. Une nouvelle fois il accepte, malgré l'appréhension qui l'envahit à la perspective de se retrouver seul avec une femme dans sa propre chambre.

Sur le point de partir, son ami juge utile de lui transmettre la consigne suivante : « Ne t'occupe pas d'elle. Il faut qu'elle apprenne à se débrouiller toute seule ! » Très singulièrement, il accueille d'emblée ce propos dans une acception sexuelle qui ne laisse pas de l'inquiéter ; un peu à la manière d'une invitation qui lui serait faite de se laisser passivement entreprendre par cette femme. Ainsi pris au piège de son propre symptôme, il va en promouvoir lui-même inconsciemment le déroulement. Sur la défensive et à l'affût du moindre signe de séduction que cette femme pourrait lui témoigner, il va la séduire lui-même, à son insu, par un redoublement d'attention et de bienveillance constantes, qu'il croyait précisément destinées à devoir neutraliser toutes velléités d'érotisation. Il se montre, de fait, tellement prévenant que, le soir venu, cette femme se glisse sans ambages dans son lit. L'entreprise prend très vite, de part et d'autre, un tour suffisamment cataclysmique pour n'être pas renouvelée une seconde fois. Son ami revient, donne congé. Il repart avec sa compagne, et tout rentre apparemment dans l'ordre.

Quelques jours après, cet homme développe une formidable compulsion à la perversion. Il commence à passer des nuits entières à tenter de surprendre, à travers les cloisons ou par le trou des serrures, les ébats amoureux des résidents de la cité universitaire. Devant le succès fort variable de ses initiatives, il décide de s'y employer désormais selon une méthode plus scientifique.

Mettant à profit les connaissances techniques acquises au fil de sa formation[23], il imagine les stratégies les plus sophistiquées pour entendre des couples faire l'amour. De savants dispositifs électroniques d'émission-réception sont très vite discrètement installés dans les chambres aux occurrences amoureuses les plus favorables, qu'il visite à la faveur d'un « passe-partout » volé à une femme de chambre. Ainsi, replié dans sa chambre, aux commandes d'une authentique table d'écoute, il passe le plus clair de ses nuits à recueillir les produits sonores des différentes sources de captation indiscrètes qu'il a postées au hasard de ses investigations nocturnes. Dispersé autant que tiraillé par la multitude des échos acoustiques qui lui sont proposés, il enrage de ne pouvoir tous les enregistrer simultanément. Cependant, quelle que soit la cacophonie amoureuse confiée aux bons soins de son magnétophone, il ne se passe plus une seule journée sans qu'il écoute inexorablement les séquences sélectionnées en ponctuant leur audition de séances de masturbation frénétique.

23. Il était alors ingénieur en télécommunication.

Rapidement épuisé par ses nuits successives de surveillance auditive, il décide de quitter son poste d'observation acoustique pour surprendre de *visu* ce qu'il s'était jusqu'à présente contenté d'*entendre*. Occasion lui est donnée de repérer dans un pavillon, un couple de femmes homosexuelles qui se rencontrent fréquemment le soir venu. Au moment opportun, il gagne alors son nouveau poste d'observation stratégique et, terrassé par la peur d'être surpris, scrute néanmoins par le trou de la serrure quelques bribes d'échanges amoureux en partie soustraits à son champ visuel. Irrité de n'en voir pas davantage, il entend prendre une revanche décisive. Quelques heures plus tard, il s'introduit dans la chambre où sommeillent les deux femmes, et leur dérobe tous leurs sous-vêtements.

Dans le même temps où se développe cette compulsion aux effractions visuelles, il est de plus en plus fréquemment hanté par des fantasmes homosexuels masculins. Cet envahissement prend une ampleur telle qu'il nourrit imaginairement l'espoir d'y mettre un terme en passant à l'acte. Il s'exécute peu de temps après, en allant déambuler nuitamment dans certains lieux publics parisiens appropriés.

Plus ses expériences homosexuelles redoublent, plus elles le répugnent, mais plus, en revanche, sa compulsion au voyeurisme s'emballe. Écrasé par l'angoisse, il caresse le projet de se faire délibérément surprendre, afin qu'une plainte salvatrice le traduise devant un tribunal et mette ainsi un terme à son inextinguible besoin de voir.

De fait, il ne reculera devant rien pour que cette occurrence arrive. Démultipliant les risques dans les lieux publics, il percera de multiples trous dans les toilettes des cafés pour observer ; il photographiera, la nuit, les ébats divers des prostituées au Bois de Boulogne ; il subornera un travesti afin qu'il le laisse discrètement regarder l'exercice ordinaire de son commerce avec des partenaires de fortune entrepris à la sauvette sur les sièges arrières d'une voiture ; il finira même par escalader les façades de divers cabarets parisiens, pour surprendre le déshabillage des strip-teaseuses dans leurs loges, par les fenêtres extérieures.

Sa compulsion à voir devenant sans limite, au péril de sa santé et de sa sauvegarde personnelle, je lui fis prudemment remarquer, pendant une séance d'analyse, que tous ces « exploits », aussi risqués fussent-ils, ne semblaient pas vraiment l'intéresser. Preuve en était qu'il ne paraissait pas en profiter autant qu'il le souhaitait. Je mis ainsi l'accent sur le fait que toute cette frénésie restait manifestement destinée à interpeller quelqu'un d'autre que lui. Nommément, tout se passait comme si ce qui lui importait avant tout, était d'aller toujours plus loin dans les débordements pervers, afin d'en mieux jouir en venant les restituer à un interlocuteur, dans l'espoir secret d'exciter sa curiosité sexuelle.

Il fut très déconcerté par cette intervention, n'ayant pas un seul instant songé au bénéfice secondaire de ces comportements pervers que je venais de souligner. Manifestement découragé par cette révélation impromptue, ses mobilisations perverses se sont anéanties en quelque temps, cédant la place à une phase dépressive sous-tendue par de longues plaintes. Jamais il ne pourrait rencontrer de femmes. Le cas échéant, jamais il ne saurait les faire jouir. Le tout à l'avenant... Et de se résigner à devoir souffrir le martyr occasionné par cette funeste infirmité.

La réitération de ce monologue douloureux et plaintif m'engagea à lui rappeler qu'une femme pouvait assurément jouir avec un homme, mais qu'il ne devait pas oublier pour autant qu'elle pouvait tout aussi bien jouir sans lui. Par ailleurs, je me hasardai à lui faire remarquer qu'il ne parvenait peut-être pas à envisager de relation sexuelle satisfaisante avec une femme, dans la mesure où il préférait sans doute être à l'instar de ces femmes qui jouissent sans homme.

Cette nouvelle intervention, fort mal accueillie dès l'abord, fit son chemin. Il finit par saisir combien il était, lui-même, identifié inconsciemment à une femme dans sa fantasmatisation des rapports amoureux. Aussi bien, sa passivité, sa quasi-impuissance et ses éjaculations précoces lui parurent-elles rapidement tributaires de cette élaboration inconsciente.

Peu de temps après, un événement complètement inattendu allait lui permettre de métaphoriser, à son insu, son rapport à la castration, par le biais d'un *acting-out* retentissant.

Quelques minutes après avoir mis un terme à l'une des séances de ce patient, j'entendis la sonnette de mon cabinet retentir. Ouvrant la porte, je restai un instant surpris de le voir solidement encadré par deux agents de police. Mais son air de jubilation extraordinaire me fit instantanément comprendre ce qui était en jeu pour lui alors qu'il se donnait ainsi à voir sous mon regard. Sa jubilation était bien liée au fait qu'il me rendait témoin du caractère incontournable de la Loi qui impose que le désir de l'un est toujours soumis à la loi du désir de l'autre.

À peine eussé-je confirmé aux policiers qu'il sortait bien à l'instant de mon cabinet, que je refermai la porte en leur signifiant qu'il était assez grand pour leur expliquer lui-même ce qu'il venait y faire.

La séance suivante apporta tous les éclaircissements attendus. Un cambriolage avait eu lieu dans l'immeuble quelques heures avant. Quittant mon cabinet et s'avisant de la présence de deux policiers qui devisaient avec la gardienne, il avait été pris d'une irrésistible envie de passer devant eux en courant. Comme de juste, une courte poursuite s'en était suivie. La conscience tranquille, il convenait avant tout d'éveiller suffisamment l'attention de la police pour être interpellé en bonne et due forme. Une chose importait : que la loi intervienne. Une autre chose était que j'en sache, par ailleurs, quelque chose. Ainsi son *acting-out* me signifiait implicitement que la loi existait bien et qu'il entendait désormais s'y soumettre. D'où sa jubilation et la libération cathartique subséquente.

Quelques semaines plus tard, une laborieuse perlaboration lui permit de saisir à quel point, dans le transfert, il m'avait inconsciemment institué à la place de sa mère et, de cette place, rendu témoin imaginairement complice de son épopée perverse. La levée du refoulement aidant, il rencontra, peu de temps après, une femme avec laquelle enfin, il connut quelques privautés sereines dans les échanges amoureux.

VI
La « genèse » freudienne de la notion de forclusion

Il est un peu délicat de parler de « genèse » à propos d'un concept dont la dénomination résulte plus directement d'un effet de traduction. Ce dont il s'agit : la *Verwerfung*, figure dans le lexique freudien, sous le terme *rejet*. La *forclusion* n'est jamais qu'une appellation générique introduite par Lacan ultérieurement. Si nous ne pouvons pas dire que la *Verwerfung* freudienne est strictement coextensive à la forclusion lacanienne, cette acception dernière s'inscrit pourtant dans le prolongement logique de la *Verwerfung* de Freud. Il paraît donc légitime d'aborder cette « genèse » de la notion de forclusion sur le terrain même des élaborations freudiennes.

Nous trouvons les premières traces de cette idée d'un rejet dès 1894, dans l'étude intitulée : *Les psychonévroses de défense*[1]. Freud en reprend le principe, deux années plus tard, dans *Les nouvelles remarques sur les psychonévroses de défense*[2].

1. S. Freud, « Die Abwehr-Neuropsychosen » (1894), G.W. I, 59-74, S.E. III, 41-61. Traduction J. Laplanche, « Les psychonévroses de défense », in *Névrose, psychose et perversion, op. cit.*, pp. 1-14.
2. S. Freud, « Weitere Bemerkungen Über die Abwehr-neuropsychosen » (1896), G.W. I, 379-403, S.E. III, 157-185. Traduction J. Laplanche, « Nouvelles remarques sur les psychonévroses de défense », *ibid.*, pp. 61-81.

L'idée maîtresse, qui se dégage de ces deux travaux, à propos du rejet, est schématiquement la suivante. Freud distingue trois types possibles de défense du moi vis-à-vis des représentations inacceptables.

Soit le moi substitue à la représentation inacceptable une autre représentation tolérable mais sous réserve qu'elle reste insignifiante. Ce processus de défense est celui que nous observons à l'œuvre d'une manière exemplaire dans la névrose obsessionnelle.

Soit encore, la représentation inacceptable va faire l'objet d'une conversion de type hystérique.

Soit, enfin, la représentation est purement et simplement *rejetée* avec son affect par le moi :

> Il existe une sorte de défense bien plus énergique et bien plus efficace qui consiste en ceci que le moi rejette la représentation insupportable en même temps que son affect et se conduit comme si la représentation n'était jamais parvenue au moi.[3]

Vis-à-vis de ce processus de rejet, Freud précise cependant que si le moi se détache de la représentation, il ne faut pas perdre de vue que celle-ci est toujours associée à un fragment de la réalité. En sorte qu'en rejetant la représentation, le moi se sépare donc aussi d'une partie de la réalité. Cette dynamique est d'ailleurs cohérente en ce sens que si la représentation est inacceptable, c'est bien parce que la réalité qui lui est attachée est elle-même irrecevable.

Il s'agit là d'un point particulièrement important dont la ligne de force va implicitement sinuer, par la suite, dans l'œuvre de Freud, notamment en corrélation avec les investigations qu'il conduira à propos de la problématique psychopathologique des psychoses.

Par ailleurs, l'insertion lacanienne de la *Verwerfung* dans la problématique psychotique trouve précisément son point d'ancrage sur ce terrain-là. Comment expliquer l'évolution d'un tel concept qui prend donc origine, chez Freud, dans le registre d'un simple rejet psychique repérable dans les psychonévroses de défense, et qui trouve son point de chute chez

---

3. S. Freud, « Les psychonévroses de défense », in *Névrose, psychose et perversion, op. cit.*, p. 12.

Lacan, comme mécanisme inducteur des organisations psychotiques ?

Cette évolution de la notion de *Verwerfung* est déjà largement préfigurée dans l'œuvre même de Freud. L'amorce de cet infléchissement de la *Verwerfung* vers la problématique psychotique trouve un de ses premiers jalons significatifs à propos du cas de *L'homme aux loups.* Dans cette étude, Freud convoque à plusieurs reprises l'incidence de ce *rejet*, sans que l'on puisse remarquer, toutefois, que la conception de ce mécanisme se détache du cas de figure général d'un processus de défense du moi.

D'une part, la *Verwerfung* est directement associée à la thématique de la castration : « Le troisième courant, le plus ancien, le plus profond, qui avait purement et simplement *rejeté* la castration… »[4].

D'autre part, tout se passe comme si la *Verwerfung* dans ce contexte-là, préfigurait déjà quelque chose d'assez proche du *déni* que Freud introduira ultérieurement.

En ce sens, l'analyse de *L'homme aux loups* semble marquer un virage significatif d'autant plus décisif que Freud, dès cette époque, commence à développer des investigations de plus en plus systématiques dans le champ des psychoses et notamment dans une direction qu'il ne cessera d'explorer jusqu'à sa mort. Nous pourrions schématiquement formuler sa démarche de la façon suivante : rechercher un mécanisme pertinent sur le plan théorique, et opératoire sur le plan clinique, pour discriminer les processus névrotiques des processus psychotiques. Il n'en serait pour preuve que cette remarque inaugurale exprimée dès 1915 dans son texte sur *L'inconscient* :

> On peut douter si le processus nommé refoulement dans les psychose ait encore quoi que ce soit de commun avec le refoulement dans les névroses de transfert.[5]

---

4. S. Freud, « Aus der Geschichte einer infantilen Neurose » (1918), G.W. XII, 29-157, S.E. XVII, 1-122. Traduction M. Bonaparte, R. Loe-wenstein, « Extrait de l'histoire d'une névrose infantile » (L'homme aux loups) », in *Cinq psychanalyses*, Paris, PUF, 1954, p. 389.

5. S. Freud, « Das Unbewusste » (1915), G.W. X, 264-303, S.E. XIX, 159-215. Traduction J. Laplanche, J.-B. Pontalis, « L'inconscient », in *Métapsychologie, op. cit.*, p. 159.

Le problème soulevé par l'identification d'un mécanisme de défense intervenant spécifiquement dans les psychoses, n'est pas vraiment neuf au moment où Freud s'y affronte. Ce thème parcourt de façon assez continue toute la réflexion psychopathologique depuis les dernières années du XIXe siècle. Toutefois, Freud l'arraisonne, dès le début, d'une manière tout à fait originale : d'abord en le situant d'emblée dans un registre essentiellement psychogénétique ; ensuite en cherchant à le circonscrire à la seule lumière des arguments développés par la théorie psychanalytique. La spécificité de l'approche freudienne est donc double. En premier lieu, elle essaie d'aborder la singularité des processus psychotiques au moyen d'un appareil conceptuel initialement destiné à rendre compte de l'étiologie des névroses. En second lieu, cette approche se fonde d'emblée sur des considérations quantitatives et différentielles. C'est donc dans le contexte de cette problématique que vient s'imposer subrepticement la fonction de la *Verwerfung*.

Toutefois, aussi novatrice qu'ait été sa conception psychanalytique des psychoses, Freud n'est manifestement pas parvenu à promouvoir une spécification pertinente de leur étiologie, du moins au regard du projet qui était le sien. De fait, il n'a pu mettre en évidence un critère métapsychologique suffisamment opératoire pour différencier structuralement les névroses des psychoses.

L'investigation freudienne des psychoses est restée, à certains égards, surdéterminée par les conceptions psychiatriques de son époque. L'aspect le plus évocateur de cette réminiscence semble se dégager selon la ligne de force suivante. Il s'agit d'un axe majeur qui concerne le rapport de compréhension logique que Freud établit entre le *sujet* et la *réalité* dans le champ des psychoses. Tout d'abord, comme en témoignent notamment les deux études de 1924 : *Névrose et psychose* et *La perte de la réalité dans la névrose et la psychose*[6],

6. S. Freud, « Neurose und Psychose » (1924), G.W. XIII, 387-391, S.E. XV, 147-153. Traduction D. Guérineau « Névrose et psychose », in *Névrose, psychose et perversion, op. cit.*, pp. 283-286 ; « Der Realitätsverlust bei Neurose und Psychose »

il est tenté de circonscrire la nature des processus psychotiques sur le terrain de *la perte de la réalité.*

D'une part, Freud remarque que les processus psychologiques traduisent toujours, d'une certaine façon, une « perte de la réalité » chez le sujet. D'autre part, il mentionne que cette perte induit chez le sujet, la nécessité d'une *reconstruction délirante* de la réalité dont il est alors coupé.

À travers ce thème de la *perte de la réalité* nous retrouvons implicitement la problématique de la *Verwerfung,* au moins sous cet aspect initialement pressenti par Freud, soit un *processus de défense du moi.* Cependant bien qu'il aborde ces deux faits psychopathologiques – perte de la réalité et reconstruction délirante – dans un corps d'explications essentiellement métapsychologiques, il reste captif d'un stéréotype sémiologique propre à la psychiatrie de son époque. De fait, il tend à associer la perte de la réalité et de la reconstruction délirante sur le mode d'une relation de cause à effet. Tout se passe un peu comme s'il existait un certain caractère d'implication logique entre ces deux signes du tableau psychotique ; de telle sorte qu'il deviendrait presque possible de poser la reconstruction délirante comme l'indice diagnostique le plus manifeste de l'état psychotique.

Le caractère éminemment problématique de cette hypothèse sémiologique conduit Freud à nuancer très rapidement cette conception. Il s'efforce d'éprouver une nouvelle distinction métapsychologique entre les névroses et les psychoses, fondée sur la base empirique de certaines observations cliniques. Autant, remarque-t-il, le névrosé chercherait à *fuir la réalité,* autant le psychotique serait amené à la *dénier.*

Une nouvelle fois, cette hypothèse clinique ramène à la *Verwerfung,* principalement dans l'acception du « rejet » telle que Freud l'amenait dans son analyse de *L'homme aux loups,* en 1918, qu'elle soit évoquée dans le registre du rejet de la castration, ou dans le commentaire plus précis développé à propos de l'hallucination du « doigt coupé ». Au reste, ce

(1924), G.W. XII, 363-368, S.E. XIX, 181-187. Traduction D. Guérineau, « La perte de la réalité dans la névrose et la psychose », *ibid.*, pp. 299-303.

rapprochement implicite entre la *Verwerfung* et le *déni* vire presque à la collusion autour de la question du *fétichisme*[7] que Freud aborde en 1927. Mais, paradoxalement, c'est aussi cette analyse du fétichisme qui l'incite à abandonner son hypothèse du déni de la réalité comme mécanisme inducteur des psychoses.

Le fétichisme et, plus généralement les perversions, mettent Freud sur la voie du *clivage du moi.* Dès lors, le clivage du moi va venir éclairer en dernière extrémité, la fonction du déni et ses limites inductrices. En 1938, une réflexion approfondie sur la notion d'*Ichspaltung* finit par imposer à Freud cette révision dont nous trouvons la trace dans deux textes fondamentaux : *Le clivage du moi dans les processus de défense*[8] et l'*Abrégé de psychanalyse*[9] – au chapitre VIII, principalement. À travers ces deux études, il se dégage clairement que la perte de la réalité n'apparaît plus à Freud que comme une *coupure partielle* chez le sujet : dans les psychoses, une partie du moi seulement serait, en effet, coupée de la réalité.

Par ailleurs, le *clivage du moi* sur lequel Freud avait fondé quelques espoirs s'avère ne pas être exclusivement présent chez les sujets psychotiques. Outre les pervers, il finit par en repérer l'incidence chez tous les névrosés, comme il le mentionne dans l'*Abrégé de psychanalyse.* De plus, au terme de cette œuvre ultime, Freud substitue presque indifféremment le terme *déni* au terme *Verwerfung* :

> De semblables *dénis* se produisent fréquemment et pas uniquement chez les fétichistes. Partout où nous sommes en mesure de les étudier, ils apparaissent comme des demi-mesures, comme des tentatives imparfaites pour détacher le moi de la réalité. Le *rejet* est toujours doublé d'une acceptation [...] ce qui aboutit au clivage du moi.[10]

---

7. S. Freud, « Fetischismus » (1927), G.W. XIV, 311-317, S.E. XXI, 147-157. Traduction D. Berger, « Le fétichisme », in *La vie sexuelle, op. cit.*, pp. 133-138.
8. S. Freud, « Die Ichspaltung im Abwehrvorgang » (1938), G.W. XVII, 59-62, S.E. XXIII, 271-278. Traduction R. Lewinter, J.-B. Pontalis, « Le clivage du moi dans les processus de défense », in *Nouvelle revue de psychanalyse*, n° 2, 1970, pp. 25-28.
9. S. Freud, « Abriss der Psychoanalyse » (1938), G.W. XVIII, 67-138, S.E. XXIII, 139-207. Traduction A. Berman, *Abrégé de psychanalyse*, Paris, PUF, 1967.
10. *Ibid.*, p. 82.

*

* *

Il devient donc impossible à Freud de conclure en faveur d'un mécanisme opératoire conséquent pour discriminer les psychoses des névroses. Pas plus la *perte* ou le *déni de la réalité,* que le *clivage du moi* ne s'avèrent satisfaisants de ce point de vue.

Au terme des investigations freudiennes, nous pouvons au moins tirer les deux conclusions suivantes. D'une part, la notion de *Verwerfung,* en s'inscrivant progressivement dans un champ d'explorations de plus en plus référées à la problématique psychotique, est directement mise en corrélation avec le *clivage psychique.*

D'autre part, l'invalidation successive des hypothèses freudiennes sur les mécanismes inducteurs du fait psychotique contribue à modifier le statut de la *construction délirante* compensatoire. Un mouvement de bascule s'amorce dans la suite logique des termes en présence, c'est-à-dire au niveau de la relation causale initialement pressentie par Freud, entre perte de la réalité et reconstruction délirante. L'élaboration délirante apparaît de moins en moins comme un processus compensatoire, mais au contraire, de plus en plus comme le paramètre inducteur de la perte de la réalité elle-même. Ce renversement annonce tout un recentrement sur la prévalence des structures symboliques qui vont ainsi être mises au-devant de la scène dans l'organisation des processus psychotiques. C'est ce recentrement, dû à Lacan, qui va ainsi contribuer à promouvoir le transfert d'appellation du terme *rejet* sous la connotation générique de *forclusion.*

VII
La fonction paternelle et son échec

Le processus de la métaphore du Nom-du-Père n'assure sa fonction structurante au regard du développement psychique de l'enfant, que dans la mesure où elle peut se déployer sur la base du refoulement originaire du signifiant du désir de la mère. Si ce refoulement originaire n'advient pas, c'est tout le processus de la métaphore du Nom-du-Père qui est compromis, voire mis en échec.

*

* *

Avec la *division du sujet*[1] et la forclusion, l'accent est délibérément mis par Lacan sur la fonction majeure des structures symboliques dans la compréhension des processus psychopathologiques. La division du sujet exprime un rapport de dépendance explicite du sujet vis-à-vis de l'ordre symbolique, au sens où c'est toute la structure subjective qui est divisée par l'ordre signifiant. Cette prééminence de la structure symbolique sur le cours de tout événement psy-

1. Voir *Introduction à la lecture de Lacan*, tome I, *op. cit.*, chap. 15, pp. 128-135. Voir aussi tome II, *op. cit.*, chap. 1, pp. 17-41.

chique (pathologique ou non) est très précisément signifiée par une catégorie lacanienne originale : *le grand Autre* qui, à bien des égards, circonscrit le champ de l'ordre symbolique comme tel. Par ailleurs, nous ne devons pas perdre de vue que la *division du sujet apparaît comme la conséquence la plus immédiate du processus de la métaphore du Nom-du-Père*. C'est donc essentiellement au regard de ces trois références lacaniennes fondamentales : la prééminence du symbolique, la métaphore du Nom-du-Père et la division du sujet, que nous pouvons saisir la fonction de la forclusion dans le champ des psychoses.

Remarquons déjà que si la *Verwerfung* freudienne bénéficie désormais de cette « appellation contrôlée », ça n'est aucunement par pur souci d'originalité de traduction. Bien au contraire, c'est pour insister sur la prééminence de l'ordre symbolique comme un lieu d'exercice légitime de la *Verwerfung*.

Étymologiquement, la *forclusion* est un terme issu du corpus de la terminologie juridique, qui signifie l'*abolition symbolique* d'un droit qui n'a pas été exercé dans les délais prescrits. C'est donc principalement à cette idée d'une abrogation symbolique que Lacan souscrit en utilisant le concept de forclusion. Il s'agit, pour lui, de mettre l'accent sur *l'abolition d'un signifiant*. Toutefois, c'est seulement dans le mesure où cette abolition porte sur un signifiant particulier – le *signifiant Nom-du-Père* – qu'elle peut spécifier l'induction des processus psychotiques ; soit le signifiant qui est appelé à venir se substituer au signifiant originaire du désir de la mère.

C'est en commentant l'analyse du cas Schreber dans son séminaire *Les psychoses*[2], que Lacan est progressivement conduit à cette conclusion. Il reprend d'ailleurs cette analyse sous une forme plus condensée dans une étude de 1957 : *D'une question préliminaire à tout traitement possible de la psychose*[3], où il formule de manière radicale en quoi l'abolition du signifiant Nom-du-Père constitue « le défaut qui donne à

2. Voir J. Lacan, *Les psychoses*, Livre III, 1955-1956, Paris, Le Seuil, 1981.
3. Voir J. Lacan, « D'une question préliminaire à tout traitement possible de la psychose », in *Ecrits*, *op. cit.*, pp. 531-583.

la psychose sa condition essentielle qui la sépare des névroses »[4]. C'est sur ce point précis que réside, au regard de Freud, l'apport explicite de Lacan qui consiste justement à faire valoir le caractère crucial de l'ordre symbolique et de sa fonction dans l'étiopathogénie des psychoses.

Dire que lorsque le Nom-du-Père est forclos la métaphore paternelle est mise en échec, c'est inférer tout aussi bien que *l'étiopathogénie des psychoses est inféodée à la dimension de l'accès au symbolique.* En d'autres termes, en neutralisant l'avènement du refoulement originaire, la forclusion du Nom-du-Père compromet gravement l'assomption de la *castration symbolique.* En dernière extrémité, cette abolition met en défaut toute la fonction paternelle. La problématique de la forclusion est donc directement suspendue au sort qui est fait au signifiant phallique dans le cours de la dialectique œdipienne. Cependant, si le destin psychotique semble ainsi se jouer autour de cette opération symbolique inaugurale qu'est la métaphore du Nom-du-Père, il convient de se montrer particulièrement vigilant sur le sens et la portée de cet enjeu.

Autant nous pouvons légitimement reconnaître à Lacan l'avancée qui lui est due quant à la compréhension de l'induction des processus psychotiques, autant l'honnêteté la plus élémentaire exige qu'on n'attribue pas au concept de forclusion du Nom-du-Père une valeur de performance et de compétence universelle que Lacan ne lui a jamais reconnue. Tout au plus, la forclusion du Nom-du-Père est présentée par Lacan comme une hypothèse métapsychologique structuralement opératoire. Outre qu'elle suggère une avancée explicative sur l'induction des processus psychotiques, elle permet également de saisir en quoi certains mécanismes à l'œuvre dans les processus névrotiques – le refoulement en particulier – ne permettent pas de rendre compte de l'étiologie des psychoses.

Cette hypothèse métapsychologique permet, par ailleurs, de proposer une orientation cohérente aux stratégies thérapeutiques, dans le sens d'une restauration de l'insertion

4. *Ibid.*, p. 575.

défaillante du sujet dans le registre symbolique. De ce point de vue, et de ce point de vue là seulement, le concept de forclusion du Nom-du-Père constitue un épicentre métapsychologique heuristique et fécond. Nous pouvons donc, pour cette raison au moins, en prendre acte au titre d'un progrès conséquent. Mais, en aucun cas, nous ne pouvons conclure que nous disposons, avec la forclusion du Nom-du-Père, d'une panacée étiologique à toute épreuve. Lacan lui-même s'est toujours montré particulièrement prudent sur cette question.

Si la forclusion du Nom-du-Père est apparue comme une explication radicale – pour ne pas dire totalitaire – des processus psychotiques, c'est principalement dû au fait de l'existence de l'impérialisme d'une certaine allégeance d'École, essentiellement nourrie autour de quelques points aveugles. Pour ne citer que celui-ci, qui semble avoir sévi avec la plus grande violence, évoquons le culte d'une forme d'ontologisme entretenu aussi bien autour de la forclusion que du Nom-du-Père comme tel. Pour certains, ces catégories ont véritablement été élevées à la dignité *d'êtres* sur la base d'un *malentendu qualitatif et quantitatif.*

Le Nom-du-Père n'est pas un signifiant particulier. Il n'est jamais signifiant primordial que dans la mesure où, à un moment donné, il vient occuper une place majeure. En tant que tel il n'est jamais prédéterminé à l'avance. *Seule la place ouverte à la substitution métaphorique étant prédéterminée,* le signifiant Nom-du-Père est un signifiant quelconque qui viendra occuper cette place décisive. En ce sens – Lacan l'a formulé à plusieurs reprises – *les signifiants Nom-du-Père sont multiples.* Comme le rappelle J.-D. Nasio[5], il y en au moins autant que de signifiants susceptibles de se succéder à cette place où ils sont appelés à un moment donné. La forclusion se produit, à proprement parler, lorsqu'aucun signifiant ne vient se présenter à l'appel. *Elle n'a donc pas lieu une fois pour toutes.* Elle ne cesse, au contraire, de se reproduire successivement. Ceci d'autant mieux que c'est en terme de structure qu'il faut tenter d'appréhender le mécanisme de cette forclu-

5. Voir J.-D. Nasio, *Les yeux de Laure*, Paris, Aubier, 1987, pp. 123-124.

sion du Nom-du-Père, c'est-à-dire en termes de mouvement et de régulation.

Pour que la structure tienne, il faut constamment qu'un signifiant vienne occuper cette place de substitution du signifiant du désir de la mère. En retour, si aucun signifiant de substitution adéquat ne vient occuper cette place, la logique symbolique s'organise différemment, et, avec elle, la réalité psychique du sujet. C'est ce que nous pouvons désigner, comme le fait Ginette Michaud[6] par l'*agénésie du symbolique et de l'imaginaire chez les psychotiques.* En d'autres termes, autant le *paranoïaque* s'efforce de *symboliser l'imaginaire*, autant le *schizophrène*, au contraire, tente *d'imaginariser le symbolique.*

La forclusion du Nom-du-Père semble toucher davantage la dynamique qui préside à la substitution métaphorique, qu'elle ne concerne l'élément même de cette substitution. Ainsi, l'idée d'abolition qui est implicite au concept de forclusion marque bien une évolution radicale dans l'acception du terme *Verwerfung.* Si la conception freudienne initiale de la *Verwerfung* était principalement assujettie à l'idée d'un *rejet du registre symbolique*, avec Lacan la *Verwerfung* renvoie plutôt à l'idée d'une *non venue à l'ordre de ce registre symbolique.*

*

* *

> Essayons de concevoir maintenant une circonstance de la position subjective où, à l'appel du Nom-du-Père réponde, non pas l'absence du père réel, car cette absence est plus que compatible avec la présence du signifiant, mais la carence du signifiant lui-même.[7]

---

6. Voir G. Michaud, séminaire de clinique psychanalytique sur « Les personnalités psychopathiques », 1974-1975 (inédit). Enseignement à l'UFR, Sciences humaines cliniques, Université Paris VII. Voir aussi, J. Dor, *Introduction à la lecture de Lacan,* Tome II, *op. cit.*, chap. 1, pp. 36-39.
7. J. Lacan, « D'une question préliminaire à tout traitement possible de la psychose », in *Ecrits, op. cit.*, p. 557.

On ne saurait mieux, comme le formule Lacan ci-dessus, épingler l'essence même de la forclusion dans sa dynamique inductrice des processus psychotiques.

De fait, pour autant que la forclusion soit justiciable d'une telle efficace, il faut qu'elle porte sur le signifiant Nom-du-Père. C'est seulement lorsque le signifiant Nom-du-Père est forclos que le refoulement originaire est mis en échec, lequel neutralise l'avènement de la métaphore paternelle. Ce processus métaphorique n'advenant pas, il s'ensuit que l'accès au symbolique est gravement compromis pour l'enfant. Dans de telles conditions, tout un registre nouveau de l'économie du désir lui est barré. Restant assujetti dans une relation archaïque à la mère, il continue à se constituer comme son seul et unique objet de désir, c'est-à-dire comme son phallus.

Évoquer la forclusion du Nom-du-Père comme processus inducteur des psychoses, c'est bien mettre l'accent sur le fait de *l'impossibilité où se trouve l'enfant de pouvoir se référer au Père symbolique.* En conséquence, avancer que le Nom-du-Père est forclos, c'est dire que le Père réel n'est pas advenu en qualité et place de Père symbolique. Dans quelles conditions cet avènement du père est-il rendu impossible, barrant ainsi à l'enfant la symbolisation de la Loi paternelle qui instaure la castration symbolique ?

Formellement, ces circonstances invalidantes peuvent se ramener à cette occurrence décisive : le *Nom-du-Père est forclos lorsque ce signifiant est dénié dans le discours de la mère,* comme nous le rappelle explicitement Lacan :

> Ce sur quoi nous voulons insister, c'est que ce n'est pas uniquement de la façon dont la mère s'accommode de la personne du père qu'il conviendrait de s'occuper, mais du cas qu'elle fait de sa parole, disons le mot, de son autorité, autrement dit de la *place qu'elle réserve au Nom-du-Père dans la promotion de la* Loi.[8]

La problématique du déni du Nom-du-Père dans le discours maternel soulève fatalement une question clinique importante : dans quelles conditions une mère peut-elle se présenter comme une mère psychotisante ? Par voie de consé-

8. *Ibid.*, p. 579 (souligné par moi).

quence, une seconde difficulté surgit immédiatement : les mères des psychotiques sont-elles, elles-mêmes, psychotiques ?

Outre que ces interrogations sont cruciales, elles reçoivent souvent des réponses cliniques assez déconcertantes. Cependant, leur caractère de radicalité ne permet pas de cerner avec grande circonspection le problème des processus inducteurs des psychoses. Il n'en serait pour preuve qu'un cas de figure assez fréquent : comment comprendre, dans une fratrie issue d'une même mère et d'un même père, qu'un seul des enfants soit psychotique ? Tout au plus, cela suppose que des occurrences imprévisibles s'avèrent pathologiquement déterminantes à certains moments de l'histoire de la famille.

Un des signes précurseurs précoces qu'il nous soit donné de saisir dans ces espaces de potentialités psychotisantes concerne principalement l'investissement maternel de l'enfant autour du problème de sa naissance. Il est cliniquement manifeste qu'un sujet psychotique a été, la plupart du temps, investi par sa mère avant sa naissance, sur un mode spécifiquement remarquable. C'est donc dans l'investissement maternel fantasmatique de l'enfant qu'il est déjà possible de repérer certains indices significatifs de la potentialité des incidences psychotiques.

Selon une très juste remarque de Piera Aulagnier[9], un enfant, avant sa naissance, est fantasmatiquement investi par sa mère comme un être détachable d'elle, c'est-à-dire un être imaginairement représenté indépendant de l'existence de la mère elle-même.

Chez certaines futures mères, il advient, au contraire, que l'enfant soit investi comme une dépendance de leur propre corps. Dans ces conditions, la séparation de l'enfant et de la mère est par avance intolérable.

Chez toute mère, il y a un travail de deuil à faire après la naissance de l'enfant. Nous en trouvons l'expression la plus significative dans les états dépressifs que rencontrent la

9. Voir P. Aulagnier, « Remarques sur la structure psychotique », in *La psychanalyse*, n° 8, Paris, PUF, 1964, pp. 47-67.

majorité des mères quelque temps après l'accouchement (dépression *post-partum*). Toutefois, ce travail de deuil n'est possible que dans la mesure où l'enfant a été investi, avant sa naissance, comme un être indépendant de la mère. Chez les mères qui n'y parviennent pas, ce travail de deuil est gravement compromis, voire quasi impossible à réaliser. Ainsi, pour neutraliser cette perte, ces mères vont instituer un mode particulier de relation avec leur enfant, relation strictement fusionnelle qui ne fera place à aucune intercession médiatrice.

Maud Mannoni évoque remarquablement bien cette particularité dans son ouvrage *L'enfant arriéré et sa mère* :

> Dès la conception, le sujet joue pour la mère un rôle très précis sur le plan fantasmatique ; son destin est déjà tracé ; il sera cet objet sans désirs propres dont le seul rôle sera de combler le vide maternel [...] Rappelons d'abord de quoi est fait ce rapport fantasmatique. Il existe pour la mère, réelle ou adoptive, un premier état voisin du rêve où elle souhaite « un enfant ». Cet enfant est d'abord une espèce d'évocation hallucinatoire de quelque chose de son enfance à elle, qui fut perdu. Cet enfant de demain, c'est d'abord sur la trace du souvenir dans lequel se trouvent inclues toutes les blessures subies, exprimées dans la langage du cœur ou du corps. C'est ainsi que chez les mères des psychotiques, les différentes étapes de l'embryon seront vécues sur le plan imaginaire, comme un développement de corps partiel à l'intérieur d'elles-mêmes.
>
> Cet enfant souhaité si ardemment, lorsqu'il arrive, c'est-à-dire quand la demande se réalise, crée pour la mère sa première déception : le voilà donc cet être de chair, mais il est là séparé d'elle ; or, à un niveau inconscient, c'est à une sorte de fusion que la mère rêvait. Et c'est à partir de ce moment, avec cet enfant séparé d'elle, qu'elle va tenter de reconstruire son rêve. À cet enfant de chair va se superposer une image fantasmatique qui aura pour rôle de réduire la déception fondamentale de la mère.[10]

Dès l'abord, l'enfant est donc enfermé dans une relation de leurre par sa mère, puisqu'il est pour elle, comme le formule Maud Mannoni, toujours « signification d'autre chose ». Le malentendu tragique et capturant qui s'institue alors entre la mère et l'enfant réside précisément dans cette « autre chose » :

10. M. Mannoni, *L'enfant arriéré et sa mère*, Paris, Le Seuil, 1964, pp. 66-67.

> L'enfant est destiné à remplir le manque à être de la mère, il n'a d'autre signification que d'exister pour elle et non pour lui...
> À toute prétention de l'enfant à l'autonomie va correspondre immédiatement l'évanouissement pour la mère, de ce support fantasmatique dont elle a besoin.[11]

Sur le fond d'une capture aussi décisive, la fonction paternelle est destituée d'avance dans la mesure où la relation fusionnelle mère/enfant en neutralise toute possibilité d'insertion. De fait, ces mères entretiennent le plus souvent un rapport très spécifique à la Loi du père sur le mode d'un *déni systématique de la représentation du Père symbolique.* Tout laisse d'ailleurs supposer, dans la prévalence de ce déni, que ces mères ont perdu le sens de la portée significative de la Loi, voire dans certains cas, qu'elles n'ont jamais pu la symboliser pour elles-mêmes.

L'ambiguïté entretenue sur la question du déni de la fonction paternelle s'explique du seul fait que ces mères entendent actualiser elles-mêmes la Loi pour l'enfant. La méprise pathologique vient de ce que cette Loi qu'elles veulent représenter n'est aucunement *la Loi du père, à savoir celle qui se fonde sur la différence des sexes.* Toute la distinction qu'il faut établir avec les *mères phalliques* des pervers se situe précisément dans l'appréciation de cette confusion. Mais c'est aussi ce déplacement du lieu où la Loi est signifiée qui rend compte de la proximité structurale des psychoses et des perversions[12].

Pour ces mères « psychotisantes », la Loi dont il s'agit est une loi parfaitement personnelle de *pure convenance individuelle,* comme le signale Piera Aulagnier[13]. Elle est vouée à une mobilité imaginaire imprévisible, ce qui est précisément contradictoire à l'essence de toute loi symbolique. Pour reprendre la formule de Lacan, ces mères sont, à proprement

---

11. *Ibid.*, p. 67.
12. La proximité structurale des psychoses et des perversions s'explique assurément à partir du lieu maternel où la Loi est signifiée d'un côté comme de l'autre. Leur différence se mesure à l'écart qui peut exister entre une « mère psychotisante » et une « mère phallique ». Voir *Structure et perversions, op. cit.*, chapitre 15, pp. 207-214.
13. Voir P. Aulagnier, « Remarques sur la structure psychotique », in *La psychanalyse, op. cit*

parler, « hors-la-loi », puisqu'aucune place vacante n'est jamais laissée à l'intercession d'une Loi tierce, qui viendrait médiatiser la fusion entre la mère et l'enfant.

Il existe ainsi une complémentarité logique entre la *reconstruction fusionnelle* et *l'institution d'une loi personnelle.* Jamais investi en tant que sujet différent du corps de la mère, l'enfant reste intégralement soumis à la *toute-puissance maternelle* puisqu'il ne lui semble pas nécessaire que le père apparaisse comme « faisant la loi à la mère » (Lacan). En d'autres termes, c'est parce que la toute-puissance maternelle règne que la fonction paternelle n'a aucunement lieu d'exister. Le désir de la mère n'étant jamais référé au père, celui de l'enfant reste circonscrit à la mère sur le mode imaginaire et archaïque que nous connaissons bien : *être le seul et unique objet du désir de l'autre, soit être son phallus imaginaire.*

En dernière extrémité, l'enfant captif de cette relation fusionnelle pathologique souffre d'un *défaut de filiation.* Saisi dans le déni maternel de la fonction paternelle, il ne peut donc jamais être reconnu et désigné comme fille ou fils d'un père. Il n'est peut-être pas de définition plus évocatrice de ce que Lacan entend par *forclusion du Nom-du-Père.*

*
* *

Le problème subsiste, bien évidemment, de savoir pourquoi et comment un père se laisse ainsi destituer de la fonction symbolique qu'il lui appartient de représenter. Cette « éclipse » ne va sans doute pas sans une certaine jouissance complaisante à s'en démettre. La question reste ouverte.

Bibliographie

AULAGNIER, P. 1964. « Remarques sur la structure psychotique ». *Dans* : *La psychanalyse*, n° 8, Paris, PUF, pp. 47-67.

DOR, J. 1985. *Introduction à la lecture de Lacan.* Paris, Denoël. Tome I : *L'inconscient structuré comme un langage.* Tome II : *La structure du sujet*, 1992.

DOR, J. 1987. *Structure et perversions.* Paris, Denoël.

DOR, J. 1988. *L'a-scientificité de la psychanalyse.* Paris, Éditions universitaire. Tome I : *L'aliénation de la psychanalyse.* Tome II : *La paradoxalité instauratrice.*

FREUD, S. 1894. « Die Abwehr-Neuropsychosen », G.W. I, 59-74, S.E. III, 41-61. Traduction J. Laplanche, « Les psychonévroses de défense ». *Dans* : *Névrose, psychose et perversion.* Paris, PUF, 1973, pp. 1-14.

FREUD, S. 1896. « Weitere Bemerkungen über die Abwehr Neuropsychosen », G.W. I, 379-403, S.E. III, 175-185. Traduction J. Laplanche, « Nouvelles remarques sur les psychoses de défense ». *Dans : Névrose, psychose et perversion.* Paris, PUF, 1973, pp. 61-81.

FREUD, S. 1908. « Hysterische Phantasiem und ihre Beziehung zur Bisexualität », G.W. VII, 191-199, S.E. IX, 155-166. Traduction J. Laplanche, « Les fantasmes hystériques et leur relation à la bisexualité ». *Dans : Névrose, psychose et perversion.* Paris, PUF, 1973, pp. 149-155.

FREUD, S. 1908. « Uber infantile Sexualtheorien », G.W. VII, 171-188, S.E. IX, 205-226. Traduction D. Berger, J. Laplanche, « Les théories sexuelles infantiles ». *Dans : La vie sexuelle.* Paris, PUF, 1969, pp. 14-27.

FREUD, S. 1908. « Charakter und analerotik », G.W. VII, 203-209, S.E. IX, 167-175. Traduction D. Berger, P. Bruno, G. Guérineau,

F. Oppenot, « Caractère et érotisme anal ». *Dans : Névrose, psychose et perversion.* Paris, PUF, 1973, pp. 143-149.

FREUD, S. 1910. « Über einen besonderen Typus der Objektwahl beim Manne », G.W. VIII, 66-77, S.E. XI, 163-175. Traduction J. Laplanche, « D'un type particulier de choix d'objet chez l'homme ». *Dans : La vie sexuelle,* Paris, PUF, pp. 47-55.

FREUD, S. 1912-1913. *Totem und Tabu,* G.W. IX, S.E. XIII, 1-161. Traduction Jankélévich, *Totem et tabou,* Paris, Payot, 1973.

FREUD, S. 1915. « Triebe und Triebschicksale », G.W. X, 210-232, S.E. XIV, 109-140. Traduction J. Laplanche, J.-B. Pontalis, « Pulsions et destin des pulsions ». *Dans : Métapsychologie,* Paris, Gallimard, 1968, pp. 11-44.

FREUD, S. 1915. « Das Unbewusste », G.W. X, 264-303, S.E. XIX, 159-215. Traduction J. Laplanche, J.-B. Pontalis, « L'inconscient ». *Dans : Métapsychologie,* Paris, Gallimard, 1968, pp. 91/161.

FREUD, S. 1918. « Aus der Geschichte einer infantilen Neurose », G.W. XII, 29-157, S.E. XVII, 1-122. Traduction M. Bonaparte, R. Loewenstein, « Extrait de l'histoire d'une névrose infantile » (L'homme aux loups) ». *Dans : Cinq psychanalyses,* Paris, PUF, 1954, pp. 325-420.

FREUD, S. 1920. « Jenseits des Lustprinzips », G.W. XIII, 3-69, S.E. XVIII, 1-64. Traduction J. Laplanche, J.-B. Pontalis (2e édition), « Au-delà du principe de plaisir ». *Dans : Essais de psychanalyse,* Paris, Payot, n° 44, 1981.

FREUD, S. 1921. « Massenpsychologie und Ich-Analyse », G.W. XIII, 73-161, S.E. XVIII, 65-143. Traduction Jankélévich/Hesnard, « Psychologie des foules et analyse du moi ». *Dans : Essais de psychanalyse,* Paris, Payot, n° 44, 1970.

FREUD, S. 1923. « Der Untergang des Odipuskomplexes », G.W. XIII, 395-405, S.E. XIX, 171-179. Traduction D. Berger, J. Laplanche, « La disparition du complexe d'Œdipe ». *Dans : La vie sexuelle,* Paris, PUF, 1969, pp. 117-122.

FREUD, S. 1924. « Neurose und Psychose », G.W. XIII, 387-391, S.E. XV, 147-153. Traduction D. Guérineau « Névrose et psychose ». *Dans : Névrose, psychose et perversion.* Paris, PUF, 1973, pp. 283-286.

FREUD, S. 1924. « Der Realitätsverlust bei Neurose und Psychose » 1924, G.W. XII, 363-368, S.E. XIX, 181-187. Traduction D. Guérineau, « La perte de la réalité dans la névrose et la psychose ». *Dans : Névrose, psychose et perversion,* Paris, PUF, 1973, pp. 299-303.

FREUD, S. 1927. « Fetischismus », G.W. XIV, 311-317, S.E. XXI, 147-157. Traduction D. Berger, « Le fétichisme ». *Dans : La vie sexuelle,* Paris, PUF, 1969, pp. 133-138.

FREUD, S. 1938. « Die Ichspaltung im Abwehrvorgang », G.W. XVII, 59-62, S.E. XXIII, 271-278. Traduction R. Lewinter, J.-B. Pontalis, « Le clivage du moi dans les processus de défense ». *Dans : Nouvelle revue de psychanalyse,* n° 2, 1970, pp. 25-28.

FREUD, S. 1938. « Abriss der Psychoanalyse », G.W. XVIII, 67-138, S.E. XXIII, 139-207. Traduction A. Berman, *Abrégé de psychanalyse.* Paris, PUF, 1967.

ISRAËL, L. 1976. *L'hystérique, le sexe et le médecin.* Paris, Masson.

LACAN, J. 1981. *Les psychoses.* Livre III, 1955-1956, Paris, Le Seuil.

LACAN, J. 1966. « D'une question préliminaire à tout traitement possible de la psychose », 1957,. *Dans : Écrits.* Paris, Le Seuil, 1994, pp. 531-583.

LACAN, J. 1994. *La relation d'objet et les structures freudiennes.* Livre IV, 1956-1957, Paris, Le Seuil.

LACAN, J. *Les formations de l'inconscient,* 1957-1958, séminaire, inédit.

LACAN, J. 1991. *L'envers de la psychanalyse.* Livre XVII, 1969-1970, Paris, Le Seuil.

LACAN, J. *Un discours qui ne serait pas du semblant,* 1970-1971, séminaire inédit.

LACAN, J. *Ou pire,* 1971-1972, séminaire inédit.

LACAN, J. *Le savoir du psychanalyste,* 1971-1972, séminaire inédit.

LACAN, J. 1975. *Encore.* Livre XX, 1972-1973. Paris, Le Seuil.

LACAN, J. 1973. « L'étourdit ». *Dans : Scilicet,* n° 4, Paris, Le Seuil, pp. 5-52.

LAPLANCHE, J. ; PONTALIS, J.-B. 1973. *Vocabulaire de la psychanalyse.* Paris, PUF, 4e édition.

LÉVI-STRAUSS, C. 1971. *Les structures élémentaires de la parenté.* La Haye/Paris, Mouton de Gruyter.

LÉVY-BRUHL, L. 1910. *Les fonctions mentales dans les sociétés inférieures.* Paris.

LÉVY-BRUHL, L. 1922. *La mentalité primitive.* Paris.

MALINOWSKI, B. 1930. *La vie sexuelle des sauvages du nord-ouest de la Mélanésie.* Paris, Payot.

MANNONI, M. 1964. *L'enfant arriéré et sa mère.* Paris, Le Seuil.

MICHAUD, G. *Séminaire de clinique psychanalytique sur les personnalités psychopathiques,* 1974-1975, séminaire inédit. Enseignement à l'UFR Sciences humaines cliniques, Université Paris VII.

NASIO, J.-D. 1987. *Les yeux de Laure.* Paris, Aubier.

PERRIER, F. 1978. « Structure hystérique et dialogue analytique ». *Dans : La Chaussée d'Antin.* Tome II, Paris, 10/18.

ROUSSEAU, J.-J. 1965. *Discours sur l'origine et les fondements de l'inégalité parmi les hommes.* Paris, Gallimard.

ROUSSEAU, J.-J. 1974. *Du contrat social aux principes du droit politique.* Paris, Marabout Université.

Index des noms d'auteurs cités

Index terminologique

Table des matières

Achevé d'imprimer sur rotative numérique par Book It !
dans les ateliers de l'Imprimerie Nouvelle Firmin Didot
Le Mesnil-sur-l'Estrée

N° d'impression : 72311
Dépôt légal : Février 2005

Imprimé en France